DE LA

DOT MOBILIÈRE

ET EN PARTICULIER

DE SON CARACTÈRE D'INALIÉNABILITÉ.

THÈSE DE DOCTORAT

SOUTENUE LE 3 MARS 1853 DEVANT LA FACULTÉ DE DROIT
DE PARIS,

PAR RÉNÉ BÉRENGER,

Avocat à la Cour Impériale de Paris.

PARIS,
IMPRIMÉ PAR HENRI ET CHARLES NOBLET,
56, rue Saint-Dominique.

1853

DE

LA DOT MOBILIÈRE.

DE LA

DOT MOBILIÈRE

ET EN PARTICULIER

DE SON CARACTÈRE D'INALIÉNABILITÉ.

THÈSE DE DOCTORAT

SOUTENUE LE 3 MARS 1853 DEVANT LA FACULTÉ DE DROIT
DE PARIS,

PAR RÉNÉ BÉRENGER,

Avocat à la Cour Impériale de Paris.

PARIS,

IMPRIMÉ PAR HENRI ET CHARLES NOBLET,

56, rue Saint-Dominique.

1853

INTRODUCTION.

La thèse que je présente à la faculté n'est que l'exécution d'une très-faible portion d'un sujet beaucoup plus vaste dont j'avais d'abord conçu la pensée.

Frappé plus que de toute autre chose, dans l'histoire du développement de nos institutions, des singulières vicissitudes de la fortune mobilière, j'aurais souhaité d'en pouvoir exposer dans un travail général les différentes phases.

Étonné de voir cette fortune, d'abord élément prépondérant ou plutôt unique de la richesse à l'origine des peuples, chez la tribu nomade, diminuer bientôt d'importance devant le crédit nouveau accordé à la propriété foncière, puis s'effacer peu à peu devant son influence croissante et se laisser enfin écraser par elle, et reléguer au rang de chose vile, *res mobilis, res vilis ;* plus étonné encore après un tel abaissement de la voir se relever insensiblement par le bienfait du commerce et de l'industrie, se lier à leurs progrès, réclamer enfin une réforme dans les lois, et forcer le législateur et le jurisconsulte à la reconnaître, sinon comme l'égale de la fortune immobilière, du moins comme une force puissante et incontestable ; frappé, dis-je, d'un pareil spectacle, j'aurais voulu dans un vaste tableau embrasser ces trois époques successives de prépondérance, d'abaissement ou d'oubli, et de résurrection pour ainsi dire, en étudier les causes dans l'histoire de la civilisation, et en suivre enfin les effets dans nos institutions civiles, qui, mieux que toute autre chose, sont susceptibles de constater le progrès des mœurs.

Ce travail eût naturellement compris trois parties. La première, celle de la prépondérance de la fortune mobilière, nous eût montré, dans l'étude de ce qui nous est parvenu des institutions germaines, le premier âge des peuples.

La tribu, encore nomade, s'approprie les animaux sauvages et les produits de la terre, mais ne songe point encore à s'approprier la terre elle-même (1). Toute propriété consiste

(1) Laferrière, *Hist du droit*, t. 3, p. 176.

en troupeaux, en armes, en fruits, ou en ins-
truments nécessaires aux besoins de la vie.
Aussi voyons-nous dans Tacite, que les dons
matrimoniaux et le douaire consistent uniquement en objets mobiliers (1), et que c'est également par des présents d'effets mobiliers, armes, chevaux, etc., que le chef récompense
l'attachement de ses compagnons d'armes (2).

La seconde partie, celle de l'abaissement de
la propriété mobilière, eût commencé au moment où la tribu, de nomade devenant séden-
taire, se fixe à demeure sur le sol, se l'approprie, et construit des habitations qui, par leur
apparence et leur solidité, témoignent de ses
intentions de stabilité, et attestent que l'ère des
migrations est terminée. La propriété foncière
se trouve ainsi constituée. Bientôt le sentiment
naturel d'affection qui attache l'homme à la
terre que son travail a fécondée, en développe
l'importance. Chaque jour voit augmenter son
crédit, et chaque accroissement de son influence
est un coup porté à la propriété mobilière. —
Le douaire que nous avons vu d'abord uniquement mobilier, devient, par l'usage d'abord,
par la coutume ensuite, presque uniquement

(1) Tacite, *de mor. germ.*, 23.
(2) Tacite., *id*, 13, 14. — M. Guizot, *Hist. de la Civil.*,
t. 1, p. 192; t. 3, p. 210.

immobilier. — C'est ainsi de même que les présents faits par le chef à ses compagnons d'armes ne sont plus que des dons de terres, origine des fiefs.

Les idées féodales viennent encore donner plus de relief à cette situation. Tout s'y rattache à la possession de la terre. Tout droit, toute importance, tout titre, tout pouvoir, toute richesse vient de la terre. Elle seule est digne de faveur et de protection, comme elle est seule digne de considération. Toutes les lois sont faites pour elle, et, dans leur empressement à l'entourer de garanties, elles vont si loin qu'elles dépassent même le but, et qu'au lieu d'un système de sage conservation, elles créent un système complet d'immobilité, de telle sorte que les jurisconsultes se voient bientôt obligés de recourir à des fictions et de dénaturer certaines classes d'immeubles en leur attribuant un caractère mobilier fictif, pour leur donner quelque mouvement (1). — Quant aux meubles, le dédain qu'un tel état de choses jette naturellement sur eux passe bientôt dans la loi, *vilis mobilium*

(1) Tels sont les *cateux verds* et *cateux secs*, Cout. gén. d'Artois, art. 144 et 147, et quelques coutumes de Flandre et des Pays-Bas, et dans le pays Metzin, *acquisitions en gagières*.

possessio, et cette formule de mépris général la dispense de tout intérêt à leur égard.

Mais une telle situation ne peut durer; la fortune mobilière sort de ce long oubli où la faveur accordée à la propriété foncière l'a longtemps reléguée ; c'est sa troisième époque. Le commerce et l'industrie, longtemps étouffés par le régime féodal qui place la richesse dans trop peu de mains et jette dans l'esprit trop de craintes et d'incertitudes, prennent un essor nouveau. Tantôt ils se développent sous la protection du seigneur suzerain, qui sait comprendre que son intérêt est lié à leur pospérité; tantôt ils le forcent, les armes à la main, à reconnaître leurs besoins, et s'affranchissent ainsi des vexations quotidiennes, souvent atroces, toujours irritantes, que les caprices de la force faisaient peser sur eux. La fortune mobilière profite de leurs efforts, elle se relève avec eux et par eux, et son accroissement est la conséquence de leur progrès. Ce mouvement est singulièrement favorisé par l'enthousiasme religieux qui inspire le goût des croisades. Les fortunes se mobilisent; les seigneurs changent leurs terres contre de l'argent, ou empruntent des capitaux, à charge de constitution de rentes sur leurs seigneuries; l'élément mobilier se trouve ainsi notablement transformé dans la fortune nationale; il commence à y prendre une place considérable, et, sans vouloir se mesurer encore avec la propriété foncière, il montre son importance nouvelle et réclame une partie de la protection que la loi accorde à cette dernière. Les jurisconsultes jugent ses plaintes légitimes, et, sans oser faire fléchir la maxime, *vilis mobilium possessio*, ils songent, par des fictions ingénieuses, à l'éluder. C'est ainsi que, malgré le principe rapporté par Dumoulin et universellement reconnu, *actio quæ tendit ad mobile mobilis*, qui rangeait les rentes dans la classe des meubles, ils font passer fictivement dans celle des immeubles les rentes foncières d'abord, puis les rentes constituées, devenues une partie considérable de la fortune des familles, afin de les soustraire aux règles par trop défavorables qui régissaient les meubles. C'est au même motif qu'il faut rapporter une mesure semblable prise à l'égard des offices.

Mais ce travail des esprits vers la réhabilitation de la fortune mobilière, ou plutôt cette tendance de la législation à suivre ses progrès, se manifeste surtout dans les pays de droit écrit. Là, en effet, les parlements, moins liés par le texte d'une loi écrite pour d'autres pays et d'autres circonstances, se montraient plus disposés à l'approprier avec intelligence aux be-

soins du temps et aux usages des lieux, qu'à
l'appliquer textuellement. Or, frappés de l'importance nouvelle de la richesse mobilière, ils
cherchaient à la faire participer à la même faveur que la richesse immobilière. C'est ainsi
que la plupart d'entre eux, pour citer un exemple, couvraient le meuble constitué en dot du
même principe protecteur d'inaliénabilité que
l'immeuble dotal, malgré le texte contraire de
la loi romaine.

Voilà pour le droit ancien.

J'aurais voulu suivre cette étude jusque dans
le Code civil, et montrer combien le législateur,
partagé sans doute entre le désir de réhabili-
ter les meubles et le souvenir de la défaveur
de l'ancienne législation à leur égard, a, tout en
introduisant une foule de modifications importantes (1), laissé encore de dispositions insuffi-
santes, si l'on compare la position qu'elles font
à la fortune mobilière, à l'importance qu'elle a
atteinte de nos jours (2).

J'ai bientôt senti qu'un pareil travail était
au-dessus de mes forces, et qu'il fallait à la fois

(1) Sur les successions entre autres, l'art. 732 ne reconnaît plus de distinction entre les biens, relativement à leur
dévolution.

(2) En matière de communauté notamment, art. 1401 et
1509.

plus de maturité dans les idées et plus d'étendue dans les connaissances pour oser l'entreprendre. Forcé dès lors de l'abandonner, j'ai voulu du moins choisir un sujet qui s'y rattachât en quelque point. Ne pouvant traiter l'histoire générale des vicissitudes de la fortune mobilière, j'ai voulu tenter du moins d'en raconter un épisode. J'ai cherché parmi nos institutions quelle était celle dont le développement et le progrès successifs étaient le plus capables de faire sentir cette renaissance en quelque sorte des choses mobilières, et leur importance croissante jusqu'à nos jours. Aucune ne m'a paru plus propre à donner ce spectacle, que l'histoire du régime dotal.

Il est vrai que le régime dotal est d'origine romaine, et, à ce titre, on s'étonnera peut-être que je n'ai pas pris plutôt un modèle parmi celles de nos institutions qui tirent leur origine de notre ancien droit coutumier, le système successoral, par exemple. Mais je puis répondre que j'ai eu deux raisons pour préférer le régime dotal : la première, c'est qu'il est impossible de trouver dans aucune autre institution la faveur accordée aux immeubles et la défaveur jetée sur les meubles, tranchées d'une manière plus énergique que dans ce régime à l'époque où notre pays se l'assimile, et que partant ainsi d'une situation bien précise, d'un point de départ bien fixe, il devient plus facile de saisir les changements qu'amène le progrès du temps. Ma seconde raison, la plus décisive, c'est que la différence profonde de la législation à l'égard des meubles et des immeubles reposant dans nos coutumes sur l'importance factice donnée à la terre par les lois féodales, si ces règles si divergentes d'abord finissent par se rapprocher et quelquefois se confondre, cela vient de ce que la féodalité emporte avec elle la raison de leurs différences, et que la fortune immobilière tombe ainsi en quelque sorte des hauteurs où elle se trouvait placée ; — tandis que les règles du régime dotal reposant sur un principe d'éternelle durée, la conservation de la dot, et restant dès lors immuables quant à la faveur dont elles couvrent les immeubles, la fortune mobilière, pour parvenir à participer à cette protection, n'a d'autre moyen que de s'élever à leur niveau. Ainsi, lorsque ailleurs le plus souvent les meubles et les immeubles ne se rapprochent que par l'amoindrissement de la propriété foncière, dans le régime dotal chaque pas qui tend à les confondre est une conquête de la fortune mobilière et une preuve que son importance se fait de plus en plus reconnaître. — C'en est assez pour expliquer le choix de mon sujet.

Ce que je viens de dire montre clairement

x

dans quel esprit ce traité est conçu. Prenant le
régime dotal tel que notre pays le reçoit du
droit romain, avec ses formes dédaigneuses
pour les meubles, qu'il ne se contente pas de
laisser aliénables, mais qu'il jette encore sous le
domaine absolu du mari, je le suivrai dans la
jurisprudence des pays de droit écrit : je l'y
montrerai d'abord appliqué rigoureusement ;
nous verrons ensuite les parlements, vivement
frappés de l'accroissement nouveau de la richesse mobilière, chercher à rendre les textes
de la loi romaine incertains, afin de pouvoir s'en
écarter pour se montrer favorables aux intérêts
et aux besoins des temps, et faire participer la
fortune mobilière aux règles protectrices de la
fortune immobilière ; nous arriverons enfin au
droit actuel, et nous constaterons le terme de
la lutte, en exposant avec le Code que le mari
n'a plus seul la libre disposition des valeurs
mobilières constituées en dot, et en reconnaissant avec la jurisprudence que ces valeurs sont
inaliénables comme les immeubles, même par
les deux époux.

Ainsi, le meuble dotal aliénable au début, et
par les efforts des deux époux et par le fait du
mari seul, devenu au terme inaliénable et par
l'un et par les autres, n'est-ce pas là un épisode saillant de cette lutte engagée par la pro-

priété mobilière, non pas afin de remplacer la
propriété foncière, mais afin de se placer à
côté d'elle, et de participer aux règles qui éten-
dent sur elle leur protection? Nous le croyons,
et c'est dans cette pensée que nous entreprenons de traiter *de la dot mobilière, et en particulier de son caractère d'inaliénabilité.*

DE
LA DOT MOBILIÈRE.

———

1. — La constitution de la dot mobilière n'offrant rien de particulier et se réglant d'après les mêmes principes que la constitution de la dot immobilière, nous supposerons que les meubles apportés par la femme sont déjà entre les mains du mari, et, les prenant seulement au moment où s'établit ainsi leur caractère de dotalité, nous étudierons dans trois sections différentes :

1° quel a été, dès le début du régime dotal, le droit du mari sur la dot mobilière, quelle influence le droit intermédiaire a pu lui faire subir et ce qu'il est devenu dans notre code;

2° Quel est le caractère de la dot mobilière, c'est-à-dire si le meuble, en devenant dotal, devient par cela même inaliénable, ou s'il garde néanmoins cette nature essentiellement mobile, à laquelle il doit son nom.

3° Une dernière section nous apprendra enfin, en peu de mots, quelles sont les règles simples et faciles qui président à la restitution de la dot mobilière.

CHAPITRE Ier.

Des droits du mari sur la dot mobilière.

2. — Une question qui était déjà discutée dans l'ancien droit, et qui est devenue l'une des plus controversées du droit actuel, est celle de savoir quelle est l'étendue des droits du mari sur la dot. C'est là sans doute une question générale qui embrasse la dot dans son universalité, quelle que soit la nature des biens qui la composent, et dès lors il semble hors de propos de s'en occuper dans un traité dont l'objet est d'exposer les règles spéciales à la dot mobilière. Ce serait toutefois une grave erreur de le penser, car c'est surtout au point de vue des meubles dotaux que la solution de ce point important

doit avoir les plus graves conséquences. Peu de mots suffiront pour le prouver.

En effet, si l'on considère les immeubles qui composent la dot, on pourra discuter sans doute quelle est la qualification la plus convenable pour exprimer l'ensemble des droits du mari; on pourra se demander s'il est usufruitier, administrateur, antichrésiste ou propriétaire même. Mais quant à l'étendue même de ses droits, il ne pourra jamais y avoir aucun doute. La loi a pris trop de soin de les fixer de la manière la plus formelle. En droit romain la loi Julia, et plus tard la législation de Justinien, en droit français les articles 1549 qui donne au mari le droit d'administrer le fonds dotal, 1554 qui lui retire la faculté de l'aliéner, et 1562 qui lui impose les obligations d'un usufruitier, ne laissent aucune équivoque sur la position qui lui est faite. Ainsi, s'agit-il des immeubles? la qualification qui doit être donnée au mari peut seule être douteuse, mais l'étendue de son pouvoir, de quelque nom qu'on l'appelle, est parfaitement limitée.

Mais si l'on considère, au contraire, les meubles dont la dot peut se trouver composée en tout ou en partie, il en est tout autrement; il ne s'agit plus d'une dispute de docteurs qui cherchent, dans un but purement scientifique,

le nom qu'il convient le mieux de donner à un
ensemble de droits connus, la discussion a une
autre portée. La loi ne limitant pas en termes
exprès l'étendue des pouvoirs du mari sur les
meubles dotaux, il s'agit de fixer la nature et
le caractère de ses droits. On conçoit, en effet,
que leur étendue se trouvera singulièrement
modifiée, suivant que le mari sera reconnu, ou
propriétaire, ou seulement administrateur et
usufruitier de la dot.

3.—Ainsi donc, c'est surtout à l'occasion des
meubles qui se trouvent compris dans la dot,
que cette grave question de la nature des droits
du mari présente le plus d'intérêt, et il est par
conséquent non-seulement convenable, mais
encore nécessaire, quand on fait un traité sur
la dot mobilière, d'éclaircir d'abord ce point,
dont la solution doit entraîner par voie de conséquences la solution de plusieurs autres.

I.—Droit romain.

4.—On sait quelle est, dans l'histoire du droit
romain, l'origine de la dot.
Rome, dans ses premiers temps, offrait ce
spectacle unique, je crois, dans l'histoire des
institutions des peuples, de deux sortes de ma-

riage, s'accomplissant d'après des modes différents, produisant les effets les plus opposés, et
néanmoins subsistant à côté l'un de l'autre sous
la protection de la loi, et revêtus tous les deux
de la validité nécessaire pour conférer également aux enfants qui en naissaient la qualité
de légitimes. De ces deux unions, en effet,
l'une s'accomplissant avec des solennités reli-
gieuses, la *confarreatio,* ou civiles, la *coemptio,*
rompait violemment le lien qui retenait la
femme à sa famille naturelle, et la jetait, quant à
sa personne et quant à ses biens, sous la puissance de son mari, *in manu mariti.* Elle portait dans sa nouvelle famille le titre de *materfamilias,* mais en réalité elle n'y entrait que
comme fille de son époux, *filiæ locum obtine-
bat* (1). Quant au mari, il devenait propriétaire absolu et des biens apportés par la femme,
et de ceux qu'elle pouvait acquérir par la suite,
et il n'en devait pas plus rendre compte que
des siens propres (2).

L'autre mariage, plus libre dans ses allures,
se contractait sans aucune solennité, mais ses
effets étaient presque nuls. La femme ne devenait plus *materfamilias,* mais simplement *uxor*
ou *matrona,* et si, de fait, elle quittait la mai-

(1) Gaius, Com. 1, nº 111.
(2) Gaius, Com. 11, nºs 86, 90, 96, 93.

2

son paternelle, elle restait de droit toujours at-
tachée à sa famille naturelle, et toujours soumise
à la tutelle de son père ou de ses agnats. Le
mari n'acquérant qu'un droit fort restreint sur
sa personne, n'en acquérait aucun sur ses
biens, qui continuaient à appartenir à son
père. On le voit, dans cette sorte d'union, le
droit du mari était aussi nul qu'il était absolu
dans l'autre (1). Le mariage libre pouvait toutefois produire à la longue les mêmes effets que
le *conventio in manum;* Gaius nous apprend
qu'une cohabitation continue pendant une
année faisait tomber la femme *in manu mariti,*
par l'effet d'une sorte d'usucapion, *usu.* La
loi des Douze Tables accordait toutefois à la
femme la faculté d'interrompre cette prescription par une absence de trois nuits (2).

Mais pour l'un et l'autre mariage on ne trouve
ni dans Gaius, ni dans les fragments de la loi
des Douze Tables, aucune trace de dot. Cela
vient sans doute de ce qu'à l'origine la femme
était le plus souvent *in manu mariti.*

(1) Troplong, *Préface du contrat de mariage,* p. 37 et
suivant. — Laferrière, *Hist. du droit,* t. 1, p. 63 et suiv.

(2) Gaius, Com. 1, n.os 110, 111. — Itaque lege duodecim
tabularum cautum erat, si qua nollet eo modo in manum
mariti convenire, ut quotannis trinoctio abesset, atque ita
usum cujusque anni interrumperet.

Mais bientôt le mariage libre l'emporta sur cette sorte d'asservissement domestique que créait le mariage solennel, et c'est à l'époque de son développement que se rattache la naissance de la dot. L'usage s'établit en effet, soit par imitation de ce qui se passait à Athènes, soit par suite du progrès naturel des mœurs (1), que la femme apportât à son mari de quoi contribuer aux dépenses du ménage dont elle venait augmenter les charges. Voilà la dot instituée. Mais s'il y eut une dot dès cette époque, il ne faut pas croire qu'il y eut un régime dotal. Le régime dotal, en effet, consiste tout entier dans les mesures adoptées par la loi pour assurer à la femme la restitution de sa dot; or, on trouve dans Aulu-Gelle la preuve que, pendant cinq siècles, il ne fut pas question de pareilles mesures (2). Non-seulement il n'existait pas d'actions en restitution au profit de la femme, mais le mari était propriétaire, de la manière la plus absolue, du bien apporté par elle, au même titre qu'il l'était de la généralité de tous ses biens sous le *manus*. La constitution de dot était considérée comme un titre d'acquisition

(1) Laferrière tient pour la première opinion, et M. Troplong pour la seconde. (Voir le premier, t. 1, p. 216, et le second, t. 1, préface).
(2) Aulu-Gelle, 4, 3.

pour le mari, comme une aliénation faite en sa
faveur ; il pouvait dissiper le bien dotal, et,
quand la femme mourait, il n'était nullement
tenu de le restituer, *dominus dotis.*

5. — Ce n'est que cinq cents ans après la
fondation de Rome que ce droit illimité reçut
quelque restriction, et ce fut l'usage, devenu
général, du divorce, qui en fut l'occasion. Ro-
mulus avait, par une loi, défendu le divorce à
la femme. Le mari seul pouvait, dans certaines
circonstances de haute gravité, répudier sa
femme, mais, dans ce cas, il gardait ses biens,
à moins que le divorce ne reposât sur une injuste
cause. Cependant on n'usait pas de ce droit, et
Servitius Sulpicius raconte, au dire d'Aulu-Gelle,
dans son livre sur la dot, que Carvilius Ruga fut le
premier qui, vers l'an 529, répudia sa femme (1).
Quoi qu'il en soit, son exemple fut bientôt
universellement suivi ; le divorce se propagea
d'une manière effrayante. De cet abus naquit
l'usage de stipuler dans les contrats de mariage
que, dans le cas de divorce, le mari restituerait
à sa femme *res uxoria,* c'est-à-dire ce qu'il en
avait reçu. Cette précaution, prise par la femme

(1) Montesquieu, Esprit des lois. — Homberg, *Abus du
régime dotal.* — Laferrière, t. 1, p. 218.

pour l'avenir, s'appela *cautio rei uxoriœ*. L'usage en devint si habituel, que le préteur finit même par la supposer quand elle n'existait pas en réalité, et par accorder à toutes les femmes divorcées l'*actio rei uxoriœ*.

6. — Cette innovation introduite pour mettre quelque frein à cette mode, pour ainsi parler, de divorce, fut bientôt élargie dans un but tout différent. Rome, dépouillée de ses citoyens par les pertes de la guerre, voyait se tarir les sources de sa population. A côté du divorce, qui rompait les mariages, la faveur marquée accordée au célibat, suite de ces passions désordonnées que les richesses du monde avaient développées dans son sein, écartait les citoyens des unions légitimes. La raison politique exigeait dès lors qu'on favorisât le mariage par tous les moyens possibles. C'est à ce motif qu'il faut rapporter cet adage célèbre en droit romain : *interest Reipublicœ mulieres dotes salvas habere, propter quas nubere possint* (1), formulé pour motiver le privilège accordé à la femme de réclamer sa dot, en cas de prédécès de son mari.

7. — Voilà ce qu'est devenue la dot à l'é-

_____

(1) Paul, L. 2. D. *de jure dotium.*

poque d'Auguste. Mais de ce que le droit de la
femme commence à apparaître, est-ce à dire
que celui du mari change de nature? Non; et
il est important de constater ici que le mari
reste *propriétaire* de la dot; seulement son
droit devient résoluble dans certains cas, et,
comme il peut arriver qu'il soit contraint de
restituer un jour, il est responsable des actes
qui peuvent entraver cette restitution.

8. — Les réformes d'Auguste, puis celles de
Justinien, se succèdent. Il suffit de les rappeler
en quelques mots. Le premier interdit au mari
de disposer de l'immeuble dotal sans le consentement de sa femme, et de l'hypothéquer
même avec ce consentement; le second rend la
dot restituable non-seulement dans le cas de
divorce ou de prédécès du mari, mais encore
dans celui du prédécès de la femme; en outre,
il soumet l'aliénation du fonds dotal à la même
prohibition que l'hypothèque; il accorde enfin
une hypothèque générale et légale à la femme
sur tous les biens de son mari, et étend son
droit de préférence même sur les créanciers
antérieurs au mariage. Voilà les nouvelles
réformes. Certes, elles modifient d'une manière
remarquable les rapports des époux entre eux,
et l'on peut dire que, si les institutions matri-

moniales de Rome ne créaient à l'origine qu'un droit unique en faveur du mari, elles semblent tout faire maintenant pour élever au-dessus de lui le droit de la femme.

Arrivés enfin au dernier état du régime dotal en droit romain (1), il devient intéressant d'étudier ce qu'est devenu ce pouvoir du mari, et si ces mutilations dernières qu'il a subies ont changé de nature, ou seulement restreint ses effets sans atteindre son caractère général.

9. — Il y a des textes qui ne semblent pas laisser de doute à cet égard. Le mari reste *dominus dotis*, et son pouvoir survit aux atteintes des lois nouvelles. Cela résulte à la fois de la nature des droits qui lui sont reconnus, et de la qualification formelle des textes.

10. — Non-seulement, en effet, ils lui accordent le droit d'exercer la revendication (2) et d'affranchir les esclaves dotaux (3), droits qui compètent au propriétaire seul ; mais encore

(1) Il est inutile, en effet, de parler de la législation introduite par les Novelles, puisqu'elle fut à peine appliquée dans quelques parlements.

(2) L. 24, D. *de act. rerum amotarum.* — L. 49, § 1, *de furtis.* — L. 9, C, *de rei vind.*

(3) L. 3, § 2, D., *de suis et leg. hæred.* — L. 21, D., *de manumiss.*

Paul dit formellement au Digeste (1) : *constante matrimonio dotem in bonis mariti esse*. Ailleurs, on voit que la femme ne peut enlever au mari la propriété de la chose dotale, *cum rei tibi quæsitæ dominium auferre nolenti minime potuerit* (2). Nous citerons encore Gaius : *nam dotale prædium maritus.., prohibetur alienare, quamvis ipsius sit ;* et les Instituts de Justinien, qui offrent une reproduction exacte de cette phrase (3).

Le mari est si bien propriétaire, que Paul enseigne que la cause de la dot est perpétuelle et peut dès-lors le conduire à la prescription (4), et que Justinien finit par accorder à la femme une hypothèque sur les biens dotaux de son mari, preuve évidente que, d'après le droit, ces biens étaient à lui.

De pareils témoignages sont donc irrécusables, et la conclusion en est nécessaire, *si res in dotem dentur, puto in bonis mariti fieri* (5) ;

(1) L. 21, D., § 4, *ad municipalem.*
(2) L. 23, C., *de jure dotium.*
(3) Gaius, C. 2, 62 et 63, Instituts de Justinien, *quibu al licet vel non.*
(4) L. 1, D., *de jure dotium.* V. M. Pellat, textes sur la dot, p. 52, 53.
(5) L. 7, § 3, D., *de jure dotium.*

et comme dit Cujas : *dominium dotis in maritum transit.*

Mais à côté de ce droit de propriété du mari parfaitement défini, on trouve d'autres textes qui semblent le contredire et mettre le domaine de la dot entre les mains de la femme seule.

11. — Ainsi, plusieurs lois représentent le mari comme un propriétaire de convention, et Justinien lui-même semble attribuer sa qualité de *dominus dotis* à une subtilité du droit (1). Ulpien, en plusieurs endroits, représente les biens dotaux comme lui étant étrangers ; c'est ainsi qu'il dit, en parlant des violences exercées sur les esclaves : *sœvitia in propriis culpanda est, in alienis coercenda, hoc est in dotalibus ;* et ailleurs, en parlant du trésor trouvé par le mari dans le fonds dotal, il se sert de ces expressions, *quasi in alieno inventi* (2). Enfin la loi 75 *de jure dotium* au Digeste, dit en propres termes : *quamvis in bonis mariti dos sit, mulieris est.*

12. — Cette double situation a donné lieu à des interprétations différentes, de la part des

---

(1) L. 30, C., *de jure dotium.*
(2) L. 7, § 12, D., *soluto matrimonio.*

commentateurs. Dans les explications qu'ils ont données de ces droits simultanés du mari et de la femme, les uns ont fait dominer le droit du mari, les autres l'ont subordonné, au contraire, au droit de la femme.

M. de Savigny pense que le mari est véritablement propriétaire des choses dotales ; mais, s'il a la dot dans ses biens, il supporte en même temps les charges du mariage, parmi lesquelles se trouve d'abord l'entretien de la femme. C'est là un profit que retire la femme, non en vertu d'un droit positif sanctionné par l'exercice d'une action, mais comme conséquence de sa position de femme mariée. C'est en ce sens qu'on peut dire que la propriété de la femme *potius in facto quàm in jure consistit* (1).

Cette théorie paraît singulière. Comment dire, en effet, que le droit de la femme consiste plutôt dans le fait que dans le droit, quand nous voyons que pendant le mariage tous les effets de la propriété, droits d'administration, poursuite des débiteurs, exercice des actions, se trouvent presque sans exception entre les mains du mari ?

Il nous paraît plus simple de dire que la femme conserve la propriété réelle de la dot, et que si le mari est revêtu pendant le mariage

(1) M. Pella', textes sur la dot, p. 48.

du titre de *dominus dotis*, ce n'est là qu'une propriété civile et fictive, qui lui est nécessaire pour qu'il puisse toucher les fruits, diriger l'administration, exercer les actions, remplir en un mot le rôle que la loi lui impose. — C'est ce qui nous paraît très-clairement résulter de ces mots de Justinien : *cum eædem res et ab initio uxoris fuerint, et naturaliter in ejus permanserint dominio. Non enim quòd legum subtilitate transitus earum in patrimonium mariti videatur fieri, ideò rei veritas deleta vel confusa est* (1). La propriété naturelle reste aux mains de la femme, mais la propriété civile appartient au mari. Cette simultanéité de droit n'offre rien de contraire à l'esprit du droit romain. — C'est là l'opinion de Voët, de Vinnius, de Doneau (2), du grand Cujas (3), et de presque tous les commentateurs des lois romaines.

Quelles que soient du reste les contestations élevées à cet égard, les droits du mari n'en sont pas moins parfaitement déterminés. Ils

---

(1) L. 30 C., *de jure dotium*.

(2) Nous croyons que M. Troplong (t 4, n° 3099, contrat de mar.) a victorieusement repoussé l'opinion contraire émise par M. Odier (t. 3, n° 1167).

(3) Cujas résume ainsi son opinion : *uxor domina est rerum dotalium naturaliter, maritus civiliter et dotis causâ* T. 1, p. 511, 525.

consistent dans le droit de jouir, d'administrer,
de poursuivre les débiteurs, d'exercer les actions dotales, de revendiquer le fonds dotal, et
surtout dans la faculté de disposer seul des
meubles dotaux (1). Puisque rien, en effet, n'établit à leur égard une position analogue à celle
établie par la loi pour la dot immobilière, ils
restent sous son domaine absolu, et c'est là
l'application la plus significative du principe
que le mari est *dominus dotis.*

II. — Droit intermédiaire.

13. — Si nous pénétrons maintenant dans

(1) Il y a pourtant un texte qui paraît au premier abord
contredire ce droit; c'est la loi 32, D., *de jure dotium.* Pomponius y parle d'une vente d'objets dotaux faite par le mari
voluntate mulieris, et sa phrase est arrangée de telle sorte,
qu'il semblerait en résulter que, pour être valable, une pareille vente eût besoin d'être approuvée par la femme. Il
n'en est rien pourtant, et une étude plus approfondie de la
loi 32, comparée avec les lois 25, 26 et 27 du même titre au
Digeste, prouve que le consentement de la femme est ici nécessaire, non pas pour la validité de la vente, mais pour la
validité de la subrogation réelle qu'il s'agit d'opérer entre
l'objet vendu et le prix qui en est retiré. La femme intervient
parce qu'il faut le concours des deux époux pour opérer ce
que la loi 26 *hoc titulo* appelle la *permutatio dotis ex re in
pecuniam.* (M. Pellat, *textes sur la dot,* p. 137, 130 et
suiv.)

nos provinces de droit écrit, et si nous y cherchons comment ces principes du droit romain
étaient compris par la jurisprudence des parlements, nous sommes étonnés d'y rencontrer
non pas de simples applications de ce droit,
mais presque des innovations ; et, ces modifications ne s'y présentant pas comme des faits
isolés, mais, au contraire, comme des théories
réfléchies, nous sommes forcé de reconnaitre
qu'il y a dans l'esprit de certains jurisconsultes
une tendance marquée à battre en brèche le
pouvoir si étendu du mari romain sur la dot, et
à pousser la jurisprudence des parlements dans
cette direction. — Nous allons en donner ra-
pidement quelques preuves, et nous recherche-
rons ensuite comment il a pu se faire que nos
parlements, chargés d'appliquer la loi romaine,
aient pu ainsi s'en écarter, malgré l'évidence
reconnue de ses dispositions.

Julien, dans ses Éléments de jurisprudence,
ne considère plus le mari comme ayant un droit
de propriété, mais un droit d'usufruit, d'une
nature spéciale, et entraînant des effets plus
étendus que l'usufruit ordinaire, à cause de
sa prééminence comme chef de la société conjugale (1).

(1) Julien, *éléments de jurispr.*, p. 51, n° 16.

Le nouveau Denizart partage cette opinion (1),
et Merlin paraît aussi s'y rallier dans son réper-
toire de jurisprudence, rédigé, comme on sait,
bien plus sous l'influence des idées anciennes,
que des principes nouveaux de notre code (2).

Despeisses, avocat et jurisconsulte à Montpellier, déclare que dans le ressort du parlement de Toulouse, la femme peut révoquer
l'aliénation des meubles non estimés, lorsque
cette aliénation a été faite par le mari pendant
le mariage, quoiqu'il eût la propriété *feinte ou
civile* des dits biens (3).

Duperrier lui-même (4), quoique reconnaissant le mari maître de disposer des meubles et
créances dotales, ce qui est incontestable, sans
condition dans le droit romain, ne songe qu'à
mettre des entraves à ce droit, et approuve fort
la sagesse de son parlement de Provence, dont
la jurisprudence décidait que bien que le débiteur de deniers dotaux fût toujours libéré par
le paiement réel fait au mari, même non solvable, il n'était libéré par la prescription obte-
nue contre lui que si le mari était solvable.

(1) Nouveau Denizart, t. 7, p. 121, n° 1.
(2) Merlin, Rép., *Dot*, § 7, n° 6.
(3) Despeisses, t. 1, partie 1re, tit. 15, sect. 3, n° 29.
(4) Duperrier, L. 3, qu. 5, et son annotateur, *loc. cit.*

Duperrier, disons-nous, était si fort partisan de cette modification à la rigidité du droit romain, qu'il l'admettait par analogie au cas de compensation d'une créance dotale avec une créance propre au mari. L'opération, suivant lui, ne devait être valable qu'autant que la solvabilité du mari était assurée.

L'annotateur de Duperrier, rendant sa pensée encore plus claire, s'explique ainsi (1) :

« Le mari peut, sans contredit, donner, en
« compensation d'une dette qui lui est propre,
« une créance qui est dotale à sa femme, parce
« qu'il a droit d'exiger cette créance, et peut
« seul l'exiger. Le débiteur se trouve libéré par
« cette compensation qui est *species solutionis*.
« Mais, si l'insolvabilité du mari interdit à la
« femme l'espoir de recouvrer cette créance,
« elle renait, ou est censée existante vis-à-vis
« du débiteur, à l'exemple de celle dont le dé-
« biteur se serait libéré par la prescription,
« *præscribens solventi similis est*.

« Il est établi, du moins en Provence, que la
« créance dotale à la femme qui est sujette à
« la prescription, par cette raison que le débi-
« teur aurait pu s'en libérer valablement par le
« paiement réel fait au mari, et que la pres-

(1) Id., *loco citato*.

« cription vaut paiement, subsiste, si le re-
« cours de la femme sur les biens de son mari
« est infructueux ; et c'est par cette raison que
« Duperrier se détermine à décider que la com-
« pensation, qui n'est, comme la prescription,
« que *ficta et non vera solutio*, ne doit pas,
« dans le cas de l'insolvabilité du mari, causer à
« la femme la perte de la créance qui faisait
« partie de sa dot (1). »

Nous citerons encore l'annotateur de Despeisses, Guy du Rousseaud de Lacombe, qui com-
bat l'opinion transcrite plus haut de son auteur,
et qui néanmoins ajoute (2) :

« Cependant, si les meubles dotaux sont sai-
« sis à la requête des créanciers du mari, la
« femme peut les revendiquer. »

Et il renvoie au livre de Catelan (3).

Salviat enfin, dans son recueil de jurisprudence des arrêts du parlement de Bordeaux,
rapporte que, dans son ressort, la dot consistant en obligations ne peut être distraite directement par le mari, et que les créanciers de ce
dernier ne peuvent ni saisir ni arrêter les ca-

(1) *Junge*, Roussilhe, Chap. XI, sect. II, § 3, no 238.
(2) Despeisses, *loc. cit.*
(3) Catelan, I. 4, chap. 47.

pitaux des sommes dotales entre ses mains (1).

De tout cela il résulte que si le mari avait en droit romain la disposition absolue du bien dotal, la jurisprudence de nos parlements avait tellement affaibli ce principe en l'appliquant, que les jurisconsultes de Provence soumettaient la validité de la prescription et de la compensation des créances dotales à la condition de la solvabilité du mari; que Rousseaud de Lacombe, en reconnaissant le meuble dotal aliénable par le mari, ne le reconnaissait pas saisissable par ses créanciers, et qu'enfin Salviat attestait que le mari, dans le ressort de Bordeaux, ne pouvait disposer des choses incorporelles constituées en dot.

Ainsi, un coup d'œil jeté sur notre vieux droit nous montre une tendance non équivoque à restreindre le droit du mari et à attaquer son titre essentiel, *dominus dotis ;* c'est un acheminement vers le principe nouveau que le Code a consacré.

14. — La cause de ce mouvement remarquable se trouve dans un fait immense au développement duquel les parlements assistent et prennent part ; ce fait est la renaissance, pour

(1) Salviat, jurisprudence du parl. de Bordeaux, v. Dot. n° 7.

3

ainsi dire, de la fortune mobilière. Sortant du long oubli où l'a reléguée la propriété foncière, elle commence à faire sentir ses forces, à faire comprendre son importance, et à réclamer contre la défaveur dont elle souffre. Les jurisconsultes, éclairés sur la légitimité de ses plaintes, trouvant le régime dotal, créé pour protéger, complètement insuffisant à l'égard de la dot mobilière, cherchent à suppléer au droit romain; et c'est là sans doute l'origine de cette tendance à restreindre les droits du mari, pour arriver à lui soustraire la disposition de la dot mobilière.

Malgré cette tendance pourtant à les réduire à une sorte de droit d'usufruit, plus étendu toutefois que l'usufruit ordinaire, le mari conserve le titre de maître de la dot.

III. — DROIT ACTUEL.

15. — Ce titre lui convient-il encore sous le Code?

16. — Un auteur qui n'est plus seulement un commentateur savant de nos lois, mais un maître dans la science du droit, M. Troplong,

soutient dans plusieurs de ses ouvrages (1), que la position du mari n'a pas changé, qu'il est sous le Code civil ce que l'a fait le droit romain, et qu'il jouit toujours de la faculté de disposer à son gré des meubles dotaux, comme étant propriétaire de la dot.

Cette opinion n'est pas admise par les auteurs (2). Elle est regardée comme trop contraire au texte même de notre loi.

L'article 1549, en effet, ne confère au mari qu'un droit d'administration ; l'article 1562 l'assujettit à toutes les obligations de l'usufruitier, et lui dénie par là même le droit de propriété, car il ne se concevrait pas qu'on pût avoir de pareilles obligations sur sa propre chose ; l'article 1552, en parlant de l'estimation donnée à l'immeuble dotal, dit qu'elle n'en transporte pas la propriété au mari ; d'où cette conséquence, que cette propriété ne repose pas naturellement sur sa tête. Les articles 1555 et 1556 accordent à *la femme autorisée* de son mari le droit d'aliéner dans certains cas : or, puisque

(1) M. Troplong, *Com. sur la Prescription*, 483, 880, et *Contrat de mariage*, t. 4, n° 3102 et suiv.

(2) Tessier, t. 2, p. 121 et 177. Benoît, t. 1, n. 99 et suiv. Duranton, t. 15, n° 384. Toullier, t. 14, n°s 131 et 180. Proudhon, sur l'usufruit, n. 118, 125, 1767. Delvincourt, sur 1549. Ollier, t. 3, n. 1164.

c'est la femme qui agit, c'est elle qui est propriétaire. — Enfin, en ce qui concerne les meubles, si l'article 1551 en attribue dans certains cas le domaine au mari, les articles 1564, § 2, et 1566 énoncent clairement que, dans tous les autres cas, le même domaine en reste à la femme.

Mais si le mari n'est plus propriétaire, quel sera donc son droit? Les auteurs se divisent à ce sujet.

17. — Sera-t-il usufruitier, suivant la pensée de Proudhon et de quelques autres (1) ? Non, car il a des charges et des avantages étrangers au droit d'usufruit. Ainsi, d'une part, il a droit aux fruits de la dot dès le jour du mariage, même dans le cas où elle a été stipulée payable seulement à terme, et il gagne tous les fruits, quelle que soit leur nature, jour par jour, au lieu de les gagner par la perception; et d'autre part, outre les obligations attachées au droit d'usufruit en général, il doit soutenir toutes les charges du mariage, frais du ménage, entretien de la famille, éducation des enfants. Son droit n'est donc pas un droit d'usufruit.

Le droit d'usufruit, d'ailleurs, est un droit réel,

_____

(1) Proudhon, loc. cit. — Fontanella, de pactis nuptialibus Delvincourt, t. 3, p. 104. Merlin, dot, 27, n° 6, Rep.

un démembrement de la propriété, *usufructus a proprietate separationem recepit* (1), ainsi que le rappelle le savant Toullier (2), et le droit du mari n'est qu'un droit purement mobilier, qui prend sa source dans le contrat de constitution de dot. — On n'a jamais, en effet, osé soutenir que le droit du mari sur les biens dotaux pût être hypothéqué, ou fût susceptible de subir l'expropriation (3). La qualification d'usufruitier ne convient donc pas au mari sous le régime dotal.

18. — Dirons-nous, avec Toullier, que celle d'antichrésiste convient mieux à sa véritable situation, parce qu'en effet la femme abandonne au mari à forfait la jouissance de tous ses biens dotaux afin de se dispenser de contribuer aux charges du ménage, comme, dans l'antichrèse, le débiteur abandonne à son créancier la jouissance de certains biens pour servir à l'acquit de sa dette (4)? Nous ne le pensons pas non plus, et cette assimilation ne suffit pas pour effacer une foule de différences saillantes.

(1) Inst., *de usuf.*
(2) Toullier, t. 14, p. 143.
(3) Art. 2118, 2204.
(4) Toullier, t. 14, p. 144.

19. — Le mari n'est donc d'une manière absolue ni propriétaire, ni usufruitier, ni antichrésiste. Son droit est d'une nature spéciale, *sui generis*, à laquelle aucune qualification générale ne peut s'appliquer, et qui n'est susceptible de se définir que par les effets qu'il produit. Ces effets sont décrits par les art. 1549, 1562, 1564, 1566 et 1552 modifiés par l'art. 1551. Le mari a le droit d'administration le plus absolu, le droit de jouissance le plus complet, sous la charge de soutenir les frais du ménage; mais, en règle générale, la propriété reste à la femme, et ce n'est que par exception qu'elle passe dans un cas, celui d'estimation sans déclaration s'il s'agit de meubles, avec déclaration qu'estimation vaut vente s'il s'agit d'immeubles, que le domaine de la dot passe au mari. Hors de ces règles qui créent un droit nouveau, nous ne lui reconnaissons aucune faculté.

20. — Ainsi, sortant des généralités où nous avons été jusqu'à présent contraint de nous renfermer, et revenant aux règles spéciales à la dot mobilière, nous les trouvons de la dernière simplicité, et elles se résument en deux mots.

21. — Sauf l'exception de l'art. 1551, c'est-à-dire sauf le cas où le meuble dotal a été mis

à prix sans déclaration qu'estimation n'en vaut pas vente, sauf aussi l'exception qui résulte de l'art. 587, et qui rend le mari, comme usufruitier, propriétaire des choses fongibles, c'est la femme qui reste propriétaire de droit de la dot mobilière, et le mari n'en acquiert que l'administration et la jouissance, sans la libre disposition. Ainsi, d'après le Code, le mari peut aliéner de son chef les biens meubles qui sont de nature à se consommer par l'usage, et les biens meubles estimés dans le contrat de mariage (1). Il ne peut aliéner tous les autres, au contraire, c'est-à-dire ceux qui, n'étant pas fongibles, n'ont pas été mis à prix ou l'ont été avec cette réserve expresse que l'estimation n'en vaudrait pas vente.

22. — Ici se présente une question qui a quelque importance. On se demande quelle est la nature d'un fonds de commerce. La loi 93 au D., *De verborum significatione*, le déclare meuble. Mais est-ce un meuble fongible, qui tombe comme tel dans la propriété du mari? Il faut distinguer à cet égard, et il y a d'abord une question d'interprétation de la volonté des parties à vider. — Si, en effet, ce sont les mar-

---

(1) C'est la règle romaine, *æstimatio venditio est*.

chandises qui composent le fonds et non le
fonds lui-même qui a été constitué en dot, il
est clair qu'elles sont choses fongibles et con-
somptibles, que le mari ne peut en jouir qu'en
les vendant, et que dès lors il en doit être propriétaire. Mais si c'est le fonds de commerce
lui-même qui a été constitué, il y a divergence
d'opinion. Un arrêt de Rouen, un autre de
Paris (1), et un arrêt même de la cour de cassation du 9 messidor an XI (2), décident qu'il est
meuble fongible, parce que l'espèce peut être
remplacée par une autre de même qualité, et en
outre parce que la chose est de nature à pouvoir
être représentée par de l'argent, qui est le
premier de tous les objets fongibles (3).

La majorité des auteurs (4) sont pourtant d'un
sentiment contraire, et nous croyons devoir
nous ranger à leur opinion. Un fonds de commerce est en effet un droit incorporel compre-
nant sans doute des choses destinées à être
vendues, mais qui ne doit pas pour cela parti-

(1) Le premier du 5 juillet 1824 (Sirey, 7, 2, 398); le second du 27 mars 1841 (Sirey, 41, 2, 529).

(2) Merlin, Rep., usufruit, § 4, n° 8.

(3) Tel est aussi le sentiment de Tessier, t. 2, p. 211 et
suiv.

(4) Oller, t. 3, surtout M. Troplong, t. 4, n° 3160 et
suiv.

ciper de leur nature. Loin de périr avec les
objets qui le composent, il subsiste toujours,
quel que soit leur sort. On pourrait le comparer
à une hérédité, ayant comme elle son caractère
propre, indépendamment des choses qu'il comprend; c'est un corps moral, comme un trou-
peau, une société, qui ne s'éteint pas par l'usage,
parce que le devoir de celui qui en jouit est de
remplacer les objets vendus à mesure qu'ils
sont aliénés. Le fonds de commerce n'est donc
pas une chose fongible; il rentre dès lors dans
la classe des meubles ordinaires, et l'on doit
décider à son égard qu'il reste dans le domaine
de la femme ou passe dans celui du mari,
suivant qu'il a été ou qu'il n'a pas été estimé.

23. — Nous avons parlé jusqu'à présent de
meubles corporels : les mêmes règles sont-elles
applicables aux créances, actions et autres droits
mobiliers incorporels ? Nous nous trouvons ici
en présence encore du système qui veut en
donner la disposition au mari. Les bases sur
lesquelles il repose sont de deux natures. On invoque le droit ancien et la jurisprudence des
parlements sur ce point, puis on argumente de
l'article 1549; on y remarque le droit qu'a le mari
de poursuivre seul les créances, d'en recevoir
seul le remboursement, et l'on ajoute : puisque

le mari peut faire rentrer les capitaux dus et les dépenser ensuite à son gré, comme choses fongibles, comment ne pourrait-il pas disposer des créances elles-mêmes ?

Quant au premier moyen, il nous touche peu. Il est très-facile, en effet, de montrer que la législation romaine attribuait un souverain pouvoir sur les créances dotales au mari. Rien n'est plus aisé que d'accumuler des citations d'anciens auteurs, que d'invoquer l'autorité de Catelan, de Vedel, de Serres et du Conseiller de Juin. Ils vivaient sous une loi où le mari était reconnu *dominus dotis*, et ils appliquaient tout simplement les règles qui formaient leur droit. Leurs témoignages étaient d'un grand poids dans nos pays de droit écrit, nous ne songeons pas à le contester ; mais de quelle force peuvent-ils être maintenant que le droit du mari est changé, et que notre Code le destitue de son titre de maître de la dot, pour le faire descendre à celui de simple administrateur avec droit de jouissance ? Qu'on cite donc, autant qu'on voudra, les anciens auteurs et les vieux arrêts, leurs doctrines ne peuvent plus avoir, au point de vue de cette question, qu'un intérêt historique.

Le second moyen nous paraît plus sérieux. Si le mari peut faire rentrer les capitaux et les débourser, il peut, dit-on, à plus forte raison, disposer des créances elles-mêmes. Nous combattons une pareille conséquence. Il est vrai que le mari peut dissiper les capitaux une fois déposés entre ses mains. Il n'en pourrait pas jouir s'il devait les conserver, et c'est en sa qualité d'usufruitier qu'il en devient propriétaire. Mais il faut savoir distinguer le fait et le droit : de ce que, par le concours fortuit des circonstances, il arrive que le mari se trouve avoir entre les mains, au lieu d'une créance dont son droit de jouissance ne lui attribuait que les intérêts, une somme d'argent sur laquelle ce même droit de jouissance ne peut s'exercer que par des actes de consommation, il ne peut en résulter que la créance soit elle-même, avant cette espèce de conversion qu'elle subit, le domaine du mari. Le mari se trouve propriétaire, c'est là une conséquence effective du changement de la créance en argent, mais ce n'est pas, loin de là, une conséquence légale de son pouvoir matériel.

Nous renvoyons d'ailleurs à ce que nous avons dit plus haut (1) sur le nouveau caractère de ce pouvoir. Il doit être restreint dans les limites que lui trace le Code ; or, aucun de ses articles n'accorde la faculté de disposer des

(1) N° 19.

actions dotales, ce droit n'existe donc pas. Bien plus, l'article 1567 déclare en propres termes que le mari n'est pas responsable des pertes arrivées aux constitutions de rentes ou obligations apportées en dot, et il ajoute qu'il se trouve libéré à leur égard par la remise des contrats. Il en résulte la double conséquence que nous signalions tout à l'heure : d'un côté, en effet, la femme reste propriétaire puisque c'est pour elle que la chose périt ou s'améliore, et d'autre part le mari ne l'est pas, puisque c'est le titre même du contrat qu'il doit restituer. — Nous n'avons rien de plus à ajouter, et l'article 1567 est la raison décisive par laquelle nous couronnons la discussion.

Les meubles incorporels n'ont donc pas de règles spéciales; leur loi générale est donc, comme pour les meubles corporels, qu'ils restent dans le domaine de la femme, et, comme eux encore, c'est par exception que le mari en acquiert la libre disposition, dans le cas où ils ont été constitués avec estimation (1).

(1) Il serait inexact de dire que les créances portant en elles-mêmes leur estimation, doivent toujours être traitées comme meubles estimés. Il peut y avoir une grande différence en effet entre leur valeur nominale et leur valeur réelle. On n'a qu'à comparer le cours des rentes sur l'État, à différentes époques, pour s'en convaincre. Ainsi, il ne suf-

24. — Tel n'est pourtant pas, nous devons le reconnaître, le sens dans lequel paraît se prononcer la jurisprudence. Après différentes oscillations, la Cour de cassation, par deux arrêts successifs, a déclaré les créances dotales aliénables par le mari seul.

En voici les principaux considérants :

Arrêt du 12 août 1846. — (1) « Attendu « que.... le mari qui reçoit le remboursement « d'un capital constitué en dot, qui en fait un « emploi plus ou moins utile pour lui et pour sa « femme, et qui fait cession à un tiers d'une « créance dotale, ne fait qu'user du droit de « libre disposition qui lui appartient à cet égard, « puisque la propriété de la femme est conver- « tie par la loi en une créance contre le mari, « lequel est personnellement et hypothécaire- « ment obligé à la restitution..., etc. »

fit pas qu'une femme constitue en dot toutes ses rentes 5 p. 100 sur l'Etat, pour en rendre son mari propriétaire, car la valeur nominale connue de sa créance n'équivaut pas à une estimation. Il en serait autrement, si la femme ajoutait que ses rentes ont une valeur réelle de tant ; le mari serait alors censé les acheter pour ce prix, et il ne serait débiteur que de cette somme. — M. Odier pense qu'une simple estimation ne suffirait pas, et qu'il faudrait encore remplir les formalités de l'art. 1690. Son opinion n'a pas d'écho, je crois, parmi les auteurs.

(1) Dalloz, 1846, 1, p. 296.

Arrêt du 29 août 1848 (1). — « Attendu que.... les droits de la femme garantis à cet égard par son hypothèque légale consistent dans son recours contre son mari, et que la propriété des sommes reçues est convertie, pour elle, en une créance au paiement de laquelle le mari est personnellement et hypothécairement tenu ; — qu'il importe peu qu'une créance dotale ait été reçue ou exigée par le mari avant son exigibilité ; — que tout ce qui est constitué en dot, à quelque époque que les stipulations dotales aient stipulé le paiement, constitue en faveur du mari, dès le jour de la célébration, un droit acquis dont il a, pendant le mariage, la libre et entière disposition... etc. »

Il est à remarquer qu'aucun de ces arrêts ne fait mention des articles 1564 et 1566, qui nous semblent établir fort clairement que la propriété des meubles non estimés reste à la femme. Leur précision semblait pourtant appeler au moins une réfutation.

25. — Il est évident que le système adopté par la Cour souveraine peut, dans certains cas, être plus utile dans ses résultats pratiques que celui que nous défendons ; il peut arriver que

_____
(1) Dalloz, 1848, 1, p. 214.

dans bien des circonstances il soit profitable
aux intérêts de la femme elle-même que le mari
puisse disposer de ses valeurs mobilières, et les
rendre plus productives en les convertissant. La
libre circulation, nous l'admettons, convient
bien mieux à la nature des meubles que l'immobilité, et c'est sans doute ce motif, longuement
développé dans les conclusions du ministère public (1), qui a déterminé les arrêts que nous venons de citer. La Cour, depuis longtemps fixée
sur le principe de l'inaliénabilité de la dot par la
femme, a cru qu'elle était suffisamment protégée
par l'impossibilité où elle se trouve placée de
diminuer les sûretés qui garantissent ses reprises, et elle a cru qu'ayant assez assuré par ce
moyen la conservation de la dot, elle pouvait sans
danger se montrer favorable à la circulation des
valeurs mobilières par le mari.

Certainement une pareille doctrine peut produire souvent d'excellents résultats , et la
femme, dans bien des cas, profitera elle-même
de ce pouvoir laissé à son mari d'aliéner des
valeurs susceptibles de baisses probables, pour
en acheter d'autres plus solides; mais, dans
une foule d'autres cas, combien ce pouvoir ne
lui sera-t-il pas nuisible ! Ce n'est jamais d'ail-

(1) Conclusions de M. Delangle, Dal'oz, 1846, 1, p. 298.

leurs par ses effets qu'il faut juger de la légitimité d'une opinion, et, quelque utile que puisse
être cette jurisprudence sous un certain côté,
nous la croyons peu conforme au texte de la
loi.

Nous ne pouvons en effet, pour nous, faire
abstraction complète, comme les arrêts préci-
tés, des articles 1504 et 1566, 1552 et 1567.
Peut-on rien trouver de plus rigoureusement
précis et de plus significatif que leur texte?

« Si la dot consiste en immeubles, dit l'on,
« ou en meubles non estimés par le contrat de
« mariage, ou bien mis à prix, avec déclara-
« tion que l'estimation *n'en ôte pas la propriété*
« *à la femme.* » (Art. 1564.)

La femme reste donc propriétaire de tout ce
qui n'est pas estimé.

Veut-on quelque texte plus clair encore?
Qu'on lise l'article 1566 : « *Si les meubles dont*
« *la propriété reste à la femme* ont dépéri par
« l'usage, etc. »

Mais cette propriété de la femme existe peut-
être simultanément avec celle du mari, dira-
t-on, et ce sont là sans doute deux droits mi-
toyens qui se côtoient sans se détruire. Les
principes de notre code sur le droit de propriété suffiraient, en l'absence de textes même,
pour repousser cette erreur. Nous ne sommes

plus en effet sous la loi romaine, où la propriété pouvait reposer à la fois sur deux têtes ; chez nous il n'y a qu'un propriétaire, ou il n'y en a point. Mais l'article 1551 semble avoir été rédigé à dessein dans la prévision de cette objection, et y répond d'une manière péremptoire.

« Si la dot, dit-il, ou partie de la dot, con-
« siste en objets mobiliers mis à prix par le
« contrat, sans déclaration que l'estimation
« n'en fait pas vente, *le mari en devient pro-*
« *priétaire,* etc. »

Ainsi donc, si la dot, consistant en objets mobiliers, n'est pas constituée de cette manière, c'est-à-dire le plus souvent, le mari n'en devient pas propriétaire. Il reste le droit unique de la femme.

Mais, les textes à part, et puisque la Cour de cassation s'est laissé séduire davantage par le côté utile de la question, ne voit-on pas que si son système peut quelquefois présenter d'heureux résultats, il n'offrira le plus souvent que des dangers ? Une fois le corps même de la dot sorti des mains du mari, qui peut assurer que la femme pourra jamais être indemnisée ? Il est vrai que la Cour de cassation veut que la dot soit inaliénable de la part de la femme, et qu'elle la met ainsi dans l'impossibilité de renoncer à ses droits de reprise sur les biens de

son mari et à l'hypothèque qui les assure. Mais
est-ce bien là une garantie suffisante? — Ah!
si le mari laisse des biens considérables, sans
aucun doute la femme n'a rien à craindre, et
son hypothèque légale la fait rentrer dans l'intégrité de ses reprises. Mais si le mari meurt
insolvable, cette hypothèque n'est plus entre
ses mains qu'un moyen dérisoire; bien plus,
elle peut y devenir un sujet d'embarras et une
cause de pertes nouvelles. — Assurer à la
femme la conservation de son hypothèque et
de sa créance n'est donc pas suffisant, car la
femme n'en reste pas moins exposée à l'insolvabilité du mari. Le seul moyen de protéger
efficacement ses intérêts, c'est moins encore
d'entourer son droit à restitution de sûretés, que
de prévenir cette insolvabilité; car, en face de
l'insolvabilité, il est évident que son droit lui-
même s'éteint, faute de pouvoir s'exercer. Or, il
n'est pas de moyen plus sûr de la prévenir, du
moins à l'égard de la femme, que d'empêcher
le mari de disposer des choses qu'il doit restituer. Ces arguments seront développés plus au
long, quand nous présenterons l'ensemble de la
jurisprudence de la Cour de cassation relativement à la dot mobilière. Nous ne les avons produits ici par avance que pour montrer la sagesse
des dispositions de la loi que la Cour souveraine

semble rejeter, et pour nous excuser en quelque
sorte de ne pas suivre ici sa jurisprudence.

26. — Nous avons parlé des créances et autres meubles incorporels, et nous avons montré
que la loi en laisse la propriété à la femme, suivant la règle qui régit tous les autres meubles
dotaux; il est bon toutefois de faire remarquer
qu'il y a une certaine classe de meubles incorporels qui, par leur nature même, deviennent
la propriété du mari, par cela seul qu'ils tom-
bent entre ses mains. Ce sont les différentes
sortes de billets au porteur. On sait, en effet,
que la simple détention suffit pour en rendre
propriétaire.

27. — Nous devons ajouter encore ici qu'il
faut considérer comme meubles dotaux, par l'effet d'une subrogation légale :

1° L'immeuble donné en paiement de la dot
constituée en argent;

2° L'immeuble acquis des deniers dotaux,
art, 1553.

Ce sont deux conséquences du principe posé
dans l'art, 1395, que les conventions matrimoniales ne peuvent être changées pendant le mariage.

Dans le premier cas, l'immeuble appartient

au mari au même titre que l'argent qu'il est destiné à remplacer dans ses mains. Comme usufruitier, il aurait le droit de disposer de la dot constituée en choses fongibles; il doit nécessairement conserver ce droit, quelque changement que subisse la nature de la dot; autrement, les conventions matrimoniales réglées par le contrat seraient modifiées.

Il en est de même de l'immeuble acquis avec des deniers dotaux : il entre dans le patrimoine du mari à la place de l'argent que le mari a déboursé pour l'acquérir, et il s'y comporte comme cet argent même, c'est-à-dire que le mari a sur lui droit de propriétaire.—Il faut supposer, bien entendu, que le mari n'a pas déclaré dans l'acte d'acquisition qu'il achetait soit pour sa femme, soit pour lui et sa femme conjointement; dans ce cas, en effet, on conçoit que l'immeuble suivrait la destination qui lui est ainsi ostensiblement donnée, sauf au mari à réclamer à sa femme la restitution des deniers qu'il aurait avancés pour elle.

Nous ne faisons du reste qu'indiquer ces questions, que le sujet de cette thèse, spécial à la dot mobilière, nous dispense de traiter.

28. — Jetant maintenant à la fin de ce chapitre un coup d'œil général sur les différentes

questions qu'il renferme, il nous est facile d'en
déduire l'étendue réelle des droits du mari. Il
n'est pas usufruitier, avons-nous dit, il n'est pas
antichrésiste, il n'est pas propriétaire, car la loi
ne lui reconnaît ce titre que dans un seul cas
(art. 1551). Son droit est un droit *sui generis*,
d'une nature anormale, et auquel aucune des
qualifications connues dans le Code ne convient.
Ce droit nouveau, amené par la tendance bien saisissable des parlements à amoindrir le pouvoir
du mari, rompt avec les traditions du droit romain, loin d'en être une émanation. Il faut donc
abandonner, en l'étudiant, tous les principes antérieurs, et se borner, pour en définir l'étendue,
à examiner les effets que le Code civil lui attribue (1).

Ces effets, c'est en premier lieu un droit
d'administration dans de puissantes propor-
tions, droit qui comprend la faculté de poursuivre toutes les actions mobilières, et même
immobilières.

C'est ensuite un droit de jouissance soumis à
toutes les obligations qu'entraîne en général le

(1) Benoit, t. 1, n° 99 et suiv. — Duranton, t. 15, n° 384
et suiv. — Toullier, t. 14, n° 131. — Bellot des Minières,
t. 4, p. 51, 92. — Odier, *Contrat de mariage*, t. 3,
n° 1170.

droit d'usufruit, et, en outre, à celles de supporter les charges du ménage.

C'est enfin, dans les cas exceptionnels que
nous avons indiqués, un droit de propriété.

Mais nulle part la loi qui défend au mari
d'aliéner les immeubles dotaux ne lui permet
d'aliéner les meubles dotaux. C'est qu'en effet
son incapacité lui ôte cette faculté.

29. — Nous venons d'examiner en détail
quelle avait été la situation de la dot mobilière
entre les mains du mari sous le droit romain,
ce qu'elle était devenue sous le droit intermédiaire, ce qu'en avait fait enfin notre législation nouvelle, et nous avons vu toutes ces
modifications successives amenées par le développement progressif de la fortune mobilière. Les meubles constitués dotaux une fois
entre les mains du mari, il devient important
de discuter leur caractère; c'est la tâche que
nous entreprenons dans le chapitre second
de ce travail, et c'est là surtout que nous verrons chaque progrès de la législation entraîné
pour ainsi dire par le sentiment de l'importance de plus en plus considérable de la richesse mobilière.

CHAPITRE II.

Caractère de la dot mobilière.

30. — L'immeuble dotal est inaliénable. C'est là son caractère saillant, son principe original. — Dépôt sacré dont la conservation intéresse non-seulement l'avenir de la famille, mais encore la chose publique (1), patrimoine inviolable de la femme et de sa postérité, le législateur dut le soumettre à un droit exceptionnel, énergique, qui le mit à l'abri de toute atteinte. — Pour cela, il ne suffisait pas de déclarer nulle l'aliénation consentie par les époux, il fallait rendre impossibles les envahissements des tiers; car, d'une part, la possession pendant un long temps ne pouvait être traitée plus favorablement que les modes plus réguliers et plus positifs d'acquisition, et, d'autre part, la tolérance et la complicité des époux dans les usurpations des tiers, leur auraient bientôt rendu d'une manière frauduleuse ce pouvoir d'aliénation que la loi refusait à leur consentement formellement exprimé.

Aussi, après l'art. 1554, qui rend le fonds

(1) Interest reipublicæ mulieres dotes salvas habere, L. 2, D , de j. dot.

dotal inaliénable, trouve-t-on dans le Code l'art.
1561, qui le déclare imprescriptible pendant
le mariage; et c'est ainsi que l'imprescriptibilité
complète, comme conséquence de l'inaliénabilité, le double caractère de la dot immobilière.

31. — Parlons maintenant de la dot mobilière.

L'un de ces deux caractères au moins lui est
étranger. Les meubles soumis tous, sauf exceptions, quelle que soit leur origine, leur nature
ou leur condition, à la règle générale *en fait
de meubles possession vaut titre* (1), ne puisent
dans les formes exceptionnelles du régime dotal rien qui les soustraie sous ce rapport au
droit commun. La proscription instantanée
continue donc à les régir, même quand ils deviennent dotaux.

32. — Mais si, de l'aveu de tous, ils restent
proscriptibles, c'est une question des plus graves
et sur laquelle il importe de se former de bonne
heure une conviction, de savoir s'ils gardent
aussi leur caractère de mobilité, ou si, changeant
de nature, et augmentant d'importance par le
fait de leur dotalité, ils doivent être rendus im-

(1) Art. 2279.

mobiles entre les mains du mari, c'est-à-dire inaliénables même par les efforts concertés des deux époux.

33. — Pour celui qui ne voit dans le texte de la loi que sa signification grammaticale, et qui, peu soucieux de rendre la justice, pourvu qu'il applique des mots suffisamment précis, ne cherche à s'éclairer ni sur les circonstances qui en ont entouré la rédaction, ni sur l'esprit qui a pu les dicter, la solution de cette question serait à peine discutable. Les textes, en effet, ne présentent aucune obscurité de rédaction, les phrases en sont limpides et correctes, les articles 1554, 1557, 1558 et suivants, qui règlent l'inaliénabilité et ses exceptions, ne parlent que des immeubles dotaux.

Mais si, peu satisfait d'un examen superficiel, on recherche la pensée générale qui a guidé le législateur, si l'on étudie le génie du régime dotal, si l'on scrute les législations antérieures à notre code, droit romain pur, puis droit écrit dont il n'a fait qu'accepter l'héritage, on se trouve en présence de difficultés sérieuses ; on se sent au milieu d'une mêlée où chaque parti a des moyens puissants d'attaque et de défense, et l'on comprend qu'une question aussi grave ait pu diviser la doctrine et la jurisprudence.

La première, en effet, plus sensible aux intérêts du commerce, à la libre circulation des biens, décide d'une manière constante que l'inaliénabilité ne doit frapper que les immeubles (1). La jurisprudence, au contraire, plus touchée de ce principe qu'il faut conserver à chaque régime son génie propre, et que si le génie de la communauté est dans l'association des bénéfices et des pertes, celui du régime dotal est dans la conservation de la dot, juge, d'une manière constante aussi, que la dot mobilière doit être maintenue dans son intégrité comme la dot immobilière, et couverte dès lors par la même règle d'inaliénabilité (2).

(1) Toullier, L. 7, p. 109 à 126. — Odier, *Contrat de mariage*, t. 3, n° 1232 *bis*. — Durauton, t. 15, n° 542. — Zeukarice, t. 3, p. 591. — M. Troplong, *Contr. de mar.*, t. 4, art. 1554. — Vazeille, *du mariage*, t. 2, n° 320. — Coulon, t. 2, p. 206. — Sérizlat, n. 128. — Marcadé, art. 1544. — Mourlon, p. 113. — M. Troplong, *hyp.*, n. 923.

(2) Arrêts de la Cour de cass., 28 juin 1810; 1er février 1819 (Sirey, 19, I. 146); 9 avril 1823 (Sirey, 23, I. 331); 30 août 1830 (Dalloz, 33, I. 246); arrêts plus récents des 26 août 1836, 2 janvier 1837, 23 décembre 1839 et 14 novembre 1841, audiences solennelles dans la même affaire. — D'autres arrêts seront encore cités dans le cours de cette dissertation, avec renvoi aux recueils de jurisprudence où ils sont insérés. — Cette jurisprudence a rallié quelques auteurs, Dalloz, t. 10, p. 348. — Tessier, t. 1, p.

Si nous avions à développer ici l'opinion généralement émise par la doctrine, nous nous
contenterions d'indiquer les nombreux auteurs
dont le sentiment fait autorité, n'ayant pas la
prétention de soutenir devant l'école une opinion qu'elle admet sous une autre forme et avec
d'autres moyens que ceux employés jusqu'à présent.

34. — Mais nous entreprenons une tâche
plus difficile. Fermement convaincu que la justice, la véritable intelligence de l'esprit du régime dotal, le bon sens, le bon droit et la saine
interprétation de la volonté des législateurs se
trouvent réunis dans le système adopté par la
Cour de cassation et sanctionné par la jurisprudence presque unanime des cours d'appel, nous
voulons, sans aspirer à convertir personne,
faire ressortir la sagesse de ce système en
théorie, et son utilité dans ses résultats pratiques; nous voulons en un mot, établir les motifs
bien raisonnés de notre préférence, et montrer
la sincérité de notre conviction.

288. — Grenier, *hyp.*, t. 1, p. 34. — MM. Rodière et Pont,
Contr. de mar. — Benoît, t. 1, n. 206. — Voir en outre un
récent article très complet publié par M. Pont sur cette
question. (*Journal du Palais*, 1852, II, p. 513).

35. — Le régime dotal, introduit avec la législation romaine, a trois époques bien marquées dans notre pays ; il se montre d'abord dans toute sa pureté et sans aucun mélange d'usages étrangers. Puis, la jurisprudence des parlements aidant, il subit différentes transformations, soit générales, soit locales, sous l'influence des besoins nouveaux. Enfin, admis par les rédacteurs du Code, il prend une vie nouvelle en passant dans le corps de nos lois. Nous allons naturellement suivre cette marche dans l'examen de notre question, et nous verrons successivement quelle fut la condition des meubles dotaux dans le droit romain, ce qu'elle devint dans les pays du Midi soumis au droit écrit, ce qu'elle est enfin dans notre Code.

I. — Droit Romain.

36. — En droit romain, le dot mobilier était aliénable, cela nous paraît incontestable ; et quoique un ou deux auteurs aient cru trouver quelques textes contraires, leur opinion repose sur des erreurs trop manifestes pour que nous voulions accepter aucune solidarité d'opinion avec eux sur ce point.

La loi Julia portée par Auguste, et qui, la première, restreignit le pouvoir absolu du mari sur la dot de sa femme, n'atteignait que l'immeuble dotal (1), et quand Justinien songea à l'étendre aux biens italiques, en même temps qu'il augmentait sa rigueur, il répéta dans sa loi les mots *dotale prædium* (2). Son intention devient encore plus évidente quand on recourt au texte de la constitution insérée au Code sous le titre *de rei uxoriæ actione*, etc. : « *In fundo* « *autem non æstimato*, y dit-il, *qui et dotalis* « *proprie nuncupatur, maneat jus intactum, ex* « *lege quidem Julia imperfectum, ex nostra* « *autem auctoritate plenum* (3). » L'immeuble dotal, quand il est inestimé, a donc seul, aux yeux des Romains, le caractère pur et complet de la dotalité.

Telle était l'opinion des jurisconsultes romanistes. Pour n'en citer que quelques uns, Noodt, sur les textes du Digeste, s'exprime ainsi (4) :

« *Vix opus addi, ultro enim apparet, legem,* « *cum de fundo dotali loquitur, nec res mobiles* « *aut sese moventes ut dotales attingi, in his* « *nihil ex antiquo jure mutare.* » Cujas est du

(1) Gaius, Com. II, 63.
(2) Institutes, titre VIII.
(3) L. unica de rei uxoriæ actione; L. 5, C., t. 13, § 15.
(4) Noodt, sur le titre V, L. 23 du Digeste.

même avis. Vinnius dit aussi : « (1) *Ait præ-*
« *dium, ergo rei mobilis alienatio marito prohi-*
« *bita non est : quod etiam probant textus.* »
Et il cite les lois 3, § 2, D., *De suis et legalibus*
hæredibus, L. 3, C., *De jure dotium*, L. *ultima*,
C., *De servo pignori dato manumisso*, et enfin
L. 1, C., *eodem titulo.*

37. — Ces textes, toutefois, ne nous semblent
pas aussi concluants que le pense Vinnius.
Il est à remarquer, en effet, que tous prévoient
la même hypothèse, celle d'un esclave dotal
auquel le mari donne la liberté. Il y est toujours
question d'affranchissement et jamais d'aliénation. Je sais bien que l'affranchissement est un
mode d'aliénation, mais je me demande s'il ne
fut pas plus favorisé que l'aliénation toute simple, et si l'on ne doit pas rapporter cette faculté
donnée au mari, d'affranchir l'esclave dotal,
plutôt à cet ensemble de mesures inspirées par
les idées chrétiennes, qui eut pour but de multiplier les affranchissements et d'ouvrir aux
esclaves le plus d'accès possibles vers la liberté,
qu'au principe arrêté de l'aliénabilité des meubles dotaux. Ne reconnaît-on pas dans ces lois
ce même esprit de faveur qui fit adopter à Jus-

(1) Commentaires sur les Instituts. *Qui* ... *at. licet vel*
non.

tinien tous ces nouveaux modes de manumis-
sion (1), et lui dicta l'abrogation de la loi Fusia
Caninia : *quasi libertates impedientem et quo-
dammodo invidam* (2)? La constitution de dot
ne pouvait, en effet, fixer pour toujours un esclave dans la servitude. Il eût été trop injuste
que, parce qu'il devenait dotal, il devînt en
même temps incapable d'être affranchi ; il fallait bien qu'il pût toujours recouvrer la liberté ;
et à qui pouvait dès lors passer le droit de la lui
donner, sinon au mari ? — Ainsi, on le voit, les
textes cités par Vinnius, Cujas, etc., pouvaient
fort bien être une mesure exceptionnelle due à
l'influence du christianisme, ennemi de l'escla-
vage, et s'ils étaient, seuls encore, cités à l'appui de la doctrine de l'aliénabilité de la dot
mobilière en droit romain, nous nous croirions
permis de douter de son exactitude.

38. — Mais de nouveaux textes ont été depuis fournis au débat, et ils sont de nature à
trancher toute incertitude (3).

Ce sont les lois 35 et 36, D., *de jure dotium*,
qui, posant l'hypothèse d'une dot consistant en

(1) Institutes, L. 1, t. V, de Libertinis, § 1.
(2)   Id.   L. 1, t. VII, de lege Fusiâ Caniniâ sublatâ.
(3) M. Troplong, *contrat de mariage*, n. 3206.

une créance, reconnaissent au mari le droit de la nover et d'en faire acceptilation.

C'est encore la loi 49, D., *de jure dotium*, où Minucius, prévoyant le cas où le mari, après avoir nové la créance constituant la dot, en ferait acceptilation, ajoute, pour éclaircir les effets produits par cette opération : *Perinde enim est ac si acceperit pecuniam et eamdem promissori donaverit.*

C'est surtout enfin la loi 66, § 6, *de soluto matrimonio*, D., qui, ne laissant plus aucune équivoque possible, a soin de préciser le moment de la remise : *Si vir socero, injussu uxoris, manente matrimonio, dotem acceptam fecisset, etiam si id propter egestatem soceri factum esset, tamen viri periculum futurum, ait Labeo hoc verum est.* Et Godefroid, commentant cette loi dans sa glose, dit, en rappelant la loi 49 précitée : *Acceptum ferendo, videtur donasse vel recepisse.*

30. — Nous pouvons donc conclure que la dot mobilière est affranchie en droit romain de l'inaliénabilité, et que cette règle ne retombe que sur l'immeuble *qui proprie dotalis nuncupatur.* Mais en résultait-il que la femme dont la dot était plus considérable en meubles qu'en immeubles manquât de cette protection

que la loi étendait avec tant d'intérêt sur sa tête? Aucunement. Et nous avons à faire maintenant, pour en tirer plus tard telles conséquences que de droit, deux remarques importantes, qui vont montrer que cette doctrine, menaçante dans la liberté qu'elle semblait laisser aux époux, se trouvait singulièrement tempérée dans ses résultats réels.

La femme était en effet entourée de telles protections en dehors même de celles spéciales au régime dotal, que la loi prononçait la nullité des obligations qu'elle avait consenties pour autrui (1), et se montrait encore plus sévère pour celles qu'elle avait souscrites en faveur de son mari (2). Ne pouvant s'obliger pour autrui ni pour son mari, il en rés   te la femme ne pouvait s'obliger que   elle-même.

D'un autre côté, nous voyons dans tous les textes que le mari n'a le droit d'affranchir l'esclave, ou d'aliéner la créance dotale, que s'il est solvable, *si modo solvendo est*, et que de sa solvabilité dépend la validité de ses actes.

Or, il est facile de comprendre combien ces deux propositions atténuent les conséquences

---

(1) Sénatus-consulte Velléien.
(2) *Authentique : Si qua mulier.* Novelle, 134.

5

de l'aliénabilité des meubles dotaux. Voyons en effet ce qui va se passer. La femme aliène-t-elle avec le concours de son mari? si l'opération est faite au profit d'un tiers, elle peut la faire annuler, le sénatus-consulte Velléien lui en donne le droit; si elle doit tourner au profit de son mari, l'authentique *si qua mulier* lui accorde la même faculté. Est-ce le mari qui, profitant de son titre de *dominus dotis*, fait l'aliénation? elle ne sera valable qu'autant que sa solvabilité sera prouvée.

40. — De tout cela, il faut donc tirer cette conclusion, que ce principe de droit romain : la dot mobilière est inaliénable, doit s'entendre dans ce sens: L'aliénation faite par le mari et la femme conjointement est valable, si elle doit tourner au profit de la femme. Celle faite par le mari seul n'est valable qu'autant que sa solvabilité peut répondre de la restitution de ce qu'il distrait de la dot.

Si l'on joint à cela la loi 30, C., *de jure dotium*, qui donnait à la femme le droit de revendiquer les meubles dotaux existant encore en nature et aliénés par son mari, dans le cas d'insolvabilité de ce dernier au moment de la restitution de la dot, la loi 12, C., *qui potior in pignore*, qui lui donnait une hypothèque privilégiée primant

même les créanciers antérieurs au mariage;
la Novelle 61, qui déclarait inaliénable l'immeuble composant la donation anténuptiale; et la
Novelle 97, qui voulait cette donation égale en
valeur à la dot elle-même; si l'on ajoute, disons-
nous, toutes ces garanties imaginées pour assurer la restitution des biens dotaux, on est forcé
de convenir qu'au moyen de ces institutions
complémentaires, la dot mobilière se trouvait
dans un état de sécurité presque complet.

Voilà quel était le droit romain.

Nous allons voir qu'il ne parut pas encore
suffisant dans les pays de droit écrit, quand il
y pénétra, et que la jurisprudence de nos parlements se plut à le charger d'entraves nouvelles
relativement à la dot mobilière.

II. — Droit intermédiaire. — Jurisprudence des parlements.

41. — On sait que la loi de Justinien ne pénétra pas d'abord dans les Gaules. Pendant
longtemps le droit romain n'y fut connu que par
le Code de Théodose et le Breviarium d'Alaric.
On jugeait donc toutes les questions que soulevait
le régime dotal par la loi Julia, car c'était elle

seule qui en réglait encore la condition. Dès lors, l'immeuble, non susceptible d'hypothèque, pouvait être aliéné, si la femme donnait son consentement à l'aliénation.

42. — Telle fut sans doute la règle de la dot pendant les VIIe, VIIIe, IXe et Xe siècles. Mais bientôt elle ne parut plus suffisante, et la pratique des tribunaux paraît avoir aggravé cette législation, et avoir préparé ainsi les voies aux innovations de Justinien. Vers cette époque de la fin du Xe siècle, on rencontre en effet un document officiel qui nous montre la dot soumise à un commencement d'inaliénabilité. L'aliénation n'est plus valable que lorsque le consentement de la femme a été renouvelé au bout de deux ans, et que les biens du mari sont suffisants pour la récompenser. Ce document, composé par Petrus dans le territoire de Valence, est, au sentiment des docteurs, un recueil de la jurisprudence de ce pays. Il est intitulé *Petri exceptiones* ou *excerptiones*. Voici le passage qui concerne la dot (1) :

« Maritus dotem alienare potest, si mobilis sit,
« etiam sine consensu uxoris, æstimatione ta-
« men reddendâ uxori. Si vero immobilis sit, et
« si æstimata data sit viro, similiter eam alienare

_____
(1) M. de Savigny, t. 4, *in fine*.

« potest, consentiente uxore, sive non, æstima-
« tione, tamen reddendâ uxori. Idem et de mo-
« bili æstimata judicandum esse probatur a
« majori. Sin autem sit immobilis inæstimata,
« non potest etiam alienare maritus sine con-
« sensu uxoris. *Nec sufficit solus consensus :*
« sed opus est ut post biennium alienationem
« uxor confirmat, et de aliis rebus mariti re-
« compensationem habeat. Idem de propter
« nuptias donatione intelligendum est. »

Il ressort deux choses de ce texte :

La propriété absolue du mari sur la dot mobilière aux x⁰ et xiᵉ siècles, comme dans la loi Julia ;

Et cette tendance du régime dotal, manifes-
tée dans des circonstances différentes et dans
des contrées éloignées et sans rapport entre
elles, à multiplier les garanties protectrices des
intérêts de la femme, et à les remplacer par des
dispositions nouvelles d'une plus grande efficacité, à mesure que le jeu d'intérêts nouveaux et le
changement de mœurs montrent l'imperfection
et la faiblesse des règles jusque là suivies. —
C'est ainsi qu'à Rome on voit le droit absolu du
mari laisser accès bientôt, par l'effet de la loi
Julia, à l'intervention de la femme ; et cette idée

(1) *Petri exceptiones,* cap. 31.

une fois admise, qu'il importe à la chose publique que la femme ne soit pas dépouillée de sa
dot, inspirant enfin à l'empereur Justinien la
mesure absolue et décisive qui porte l'immeuble dotal au-delà des atteintes non-seulement du
mari, mais même des deux époux. — C'est ainsi
également qu'en France on voit ce même régime
dotal suivre, par des moyens quelquefois différents, le même progrès. Admis d'abord tel que
le constituait la loi Julia, l'innovation introduite
par les *Petri exceptiones* lui est un acheminement vers l'inaliénabilité du fonds dotal ; la loi
de Justinien est enfin connue. Mais bientôt elle
ne paraît plus suffisante ; le commerce et l'industrie, en se développant, ont augmenté les capitaux et multiplié par conséquent la fortune mobilière. Les dots ne sont plus constituées en fonds
de terre seulement ; l'usage devenu général de
faire renoncer les filles à la succession de leur
père moyennant indemnité par contrat de mariage afin de ne pas diviser l'héritage patrimonial,
amène, suivant Henrys, ce résultat inévitable que
les dots sont le plus souvent mobilières. On s'a-
perçoit alors que la loi Julia ne garantit plus en
aucune façon les intérêts de la femme, puisqu'elle ne frappe d'inaliénabilité que les immeubles, et la jurisprudence des parlements saisis-
sant son esprit plutôt que sa lettre, fait un pro-

grès sur le dernier état de la législation romaine,
et déclare la dot mobilière même inviolable.

43. — C'est ici que nous sommes ramenés au
sujet spécial de notre thèse.

Nous prétendons qu'on doit tirer d'irrésisti-
bles conséquences de ce que la jurisprudence
de nos pays de droit écrit, s'écartant sans doute
du texte de la loi romaine, crut devoir satisfaire
aux besoins légitimes des temps en étendant
l'inaliénabilité aux meubles dotaux, pour la solution de cette question dans notre droit actuel.
Et c'est aussi avec le plus grand soin que nous
allons nous appliquer à prouver la presque unanimité de cette jurisprudence.

44. — C'est par le parlement de Paris, le plus
important de tous par la position et l'étendue
de son ressort, qu'il convient de commencer
ces recherches.

45. — On sait qu'il comprenait à la fois des
pays de droit écrit, et des pays de coutume ; or,
dans tous les pays de droit écrit soumis à sa juridiction, le droit romain avait subi la trans-
formation que nous venons de signaler. On y
jugeait, non-seulement que les meubles devaient, comme les immeubles dotaux, être mis

en dehors du mouvement ordinaire des biens, mais encore que les obligations du mari, et même celles contractées par le mari et la femme conjointement pendant le mariage, ne pouvaient s'exécuter, même après le mariage, sur la dot mobilière. Et ce n'était pas légèrement qu'une pareille doctrine avait été admise. La question était depuis longtemps agitée, et l'on retrouve encore dans les vieux recueils de plaidoyers et d'arrêts (1), les longs et sérieux motifs des deux opinions entre lesquelles le parlement de Paris eut à se décider.

La discussion s'engageait d'abord sur la loi romaine. D'une part, on citait la constitution d'Anastase (2), qui, en permettant à la femme de renoncer au bénéfice du sénatus-consulte Velléien, lui donnait la faculté de s'obliger sur ses biens pour autrui, et la loi de Justinien (3), qui ne limitait cette faculté qu'en ce qui concernait son immeuble dotal non estimé : *in fundo autem non œstimato, qui et dotalis proprie nuncupatur, maneat jus intactum.* Puis on ajoutait des textes nombreux où figuraient les mots seuls de *prœdium dotale* ou de *fundus dotalis*, et l'on

(1) Louet, Brodeau, Henrys, Boucheul.
(2) L. 21, code, *ad senatusconsultum Velleianum.*
(3) *Lex unica de rei uxoriœ actione*, C.

on concluait que la femme pouvait s'obliger sur tous ses biens autres que l'immeuble constitué en dot, et que celui-là seul était inaliénable.

D'autre part, on disait que Justinien, dans sa Novelle 61, en assimilant la dot à l'immeuble composant la donation anténuptiale, ne distinguait aucunement entre les différents biens formant la dot, et que dès lors ils devaient être tous, et quelle que fût leur nature, retirés du commerce (1).

Mais ce qui décida surtout la question, mieux que tous ces textes dont le sens paraissait incertain, ce fut l'utilité générale et le sentiment des besoins publics. A l'intérêt du crédit et du commerce chaudement réclamé par les partisans de la libre circulation des meubles dotaux, on opposa victorieusement l'intérêt de la femme, celui des enfants, celui du mari même, qui trouve en cas de malheur, dans la dot restée intacte dans son entier entre ses mains, une dernière ressource, un dernier morceau de pain, que son imprudence ou la fatalité n'a pu lui arracher, et enfin aussi l'intérêt de l'Etat : et la

(1) Novelle 61. Voir au titre : *Ut immobilia antenuptialis donationis... etc... hæc vero etiam in dote valere.* — Et § 3 : *Et multo potius hæc in dote valebunt, si quid dotis aut alienetur, aut ..*

jurisprudence, gagnée par d'aussi puissants motifs, se fixa dans le sens de l'inaliénabilité même
de la dot mobilière.

46. — Cependant il y avait quatre provinces,
celles de Forez, Lyonnais, Beaujolais et Mâconnais, où ce principe, reconnu partout ailleurs,
trouvait encore une vive résistance. L'esprit de
commerce et d'industrie, plus développé dans
ces provinces que dans aucun autre pays de
France, et qui, dans son incessante activité, ne
considère les biens que comme un élément de
crédit pour en acquérir d'autres, souffrait im-
patiemment de voir la fortune dotale rester
inactive, et, n'appréciant les lois que selon le degré de facilité qu'elles donnent aux transac-
tions, ne pouvait comprendre ce système protecteur du régime dotal, dont l'effet était de
retirer de la circulation tant de ressources pour
le crédit. — Aussi, malgré la jurisprudence
souveraine du parlement, cherchait-on à résister encore. La discussion trouvait d'ailleurs,
dans ces quatre provinces, un nouvel aliment
dans un édit de 1606 porté par Henri IV.

Le commerce l'invoquait et prétendait y trouver la sanction d'une coutume spéciale qui mo-
difiait le droit du régime dotal pour les Forez,
Lyonnais, Beaujolais et Mâconnais, et affran-

chissait la dot de l'entrave de l'inaliénabilité.

Henrys et Bretonnier (1) parlent en détail de cet édit, et nous connaissons par eux les circonstances qui l'entourèrent. — On sait que la loi romaine permettait à la femme de renoncer au bénéfice du S. C. Velléien (2). L'usage avait étendu cette faculté de renoncer au bénéfice de l'authentique *si qua mulier*... (3), qui déclarait nulle l'obligation contractée par la femme pour son mari; de telle sorte que, moyennant ces deux renonciations solennellement exprimées, la femme devenait capable de s'obliger sans aucune restriction, et cette capacité de s'obliger entraînait celle d'aliéner sa dot. Mais bientôt l'ignorance des notaires fit comprendre les dangers de cet usage. Ils ne savaient pas expliquer aux femmes le but et les effets de la renonciation qu'ils inséraient par habitude dans leurs actes, et il en résultait dans la suite de grands embarras et de longs procès. Alors on adressa des réclamations à la couronne, et Henri IV rendit cet édit de 1606 qui abrogea ces renonciations solennelles.

---

(1) Henrys, t. 2, qu 8 et 141. Bretonnier sur Henrys, loc. cit.

(2) L. 22, C, ad Senatusconsultum Velleianum.

(3) Novelle 134.

Mais quelle était la signification de cette abrogation?

Les uns disaient que désormais la femme, sans besoin de renonciation aucune, et par la seule force de la loi nouvelle, jouissait de la même capacité que lui assuraient autrefois ses renonciations expresses, c'est-à-dire qu'elle pouvait obliger et aliéner tous ses biens. On conçoit quel puissant auxiliaire les intérêts du commerce trouvaient dans cette interprétation. Elle consistait en effet à créer une coutume locale pour les provinces de Forez, Lyonnais, Beaujolais et Mâconnais, qui les dérobait à la jurisprudence générale.

D'autre part, on disait que l'édit supprimait en effet le sénatus-consulte Velléien et l'authentique *si qua mulier*.... mais qu'autre chose étaient ces deux lois, et autre chose la loi Julia ; que les premières, en défendant à la femme de s'obliger sur ses biens, n'entendaient parler que de ses biens paraphernaux, et que la loi Julia seule réglait la destinée de ses biens dotaux ; que par conséquent, puisque la loi Julia subsistait, le principe d'inaliénabilité de la dot était sauvé avec elle. Dans cette opinion, on le voit, l'édit de 1606 n'apportait rien de nouveau aux dispositions du régime dotal, et les quatre provinces n'avaient aucune raison pour se soustraire à la jurisprudence du reste du ressort de Paris.

Henrys nous a conservé le détail de cette discussion, et on peut d'autant mieux se fier à lui à cet égard, qu'il défendit tour à tour les deux opinions. D'abord champion de l'intérêt du commerce, puis défenseur des intérêts de la femme, il soutient la première opinion (1) avec l'animation d'un homme convaincu, et la seconde (2) avec toute la vivacité d'un nouveau converti. — Il nous donne du reste lui-même la raison de sa conversion : depuis l'impression de sa première opinion, Brodeau (3), dans son commentaire sur les œuvres de Louet, avait en effet attaqué la décision donnée par le savant Henrys et adoptée par Louet, en faisant remarquer qu'elle reposait sur une fausse interprétation de la jurisprudence.

« L'obligation de la femme dûment autorisée
« vaut en effet, dit-il, en pays de droit écrit et
« aux coutumes qui reçoivent la loi Julia; mais
« c'est pour être exécutée sur les biens para-
« phernaux dont la dite femme a la libre dis-
« position, et c'est de la sorte que se doivent
« entendre les arrêts cités. »

Sur cette autorité imposante, Henrys se livra

(1) Henrys, t. 2, qu. 8.
(2) Henrys, t. 2, qu. 141.
(3) Brodeau sur Louet : lettre D, nombre 12.

à un nouvel examen de la jurisprudence, reconnut son erreur, et passa au camp de ses adversaires. Bientôt cette jurisprudence dont l'obscurité avait causé sa méprise s'éclaircit. « La question ayant été derechef agitée et à « Lyon et au parlement, il y eut un arrêt fort « clair au profit de la veuve Mamejan, par « lequel la cour jugea que cette femme n'avait « pas pu obliger ses biens dotaux (1). »

Cet arrêt causa une grande rumeur parmi les partisans de la doctrine contraire. Les vieux avocats de Lyon s'étonnèrent et assurèrent qu'il ne serait pas suivi. On l'attaqua devant l'opinion publique, on l'attaqua aussi devant les tribunaux par la voie de la requête civile, et le parlement, saisi de nouveau de la contestation, répondit en précisant avec plus de clarté et ses motifs et son opinion, dans un arrêt qu'Henrys nous résume ainsi (2) :

« La Cour a déclaré et déclare tous les biens « constitués en dot à la dite Féron (femme « séparée de biens de Mamejan) par son con- « trat de mariage, soit les immeubles qui lui « peuvent avoir appartenu lors de ce contrat,

(1) Henrys, t. 2, p. 772.
(2) Id., t. 2., qu. 141, p. 777.

« ou les biens mobiliers aussi à elle apparte-
« nant, dont elle pourra justifier que son mari
« a été chargé, avec l'augment à elle accordé,
« et tous les intérêts pour ce dus, échus et à
« écheoir, non sujets aux dettes et hypothèques
« par elle contractées pendant le mariage...
« sauf aux créanciers à se pourvoir sur les autres
« biens de la dite Féron, *non dotaux*, qui lui
« peuvent ou pourraient appartenir. »

Cette nouvelle décision n'était pas faite pour apaiser les esprits. Les mécontents crurent devoir protester à la manière de ce temps contre une jurisprudence qui lésait leurs intérêts de commerce bien plus qu'elle ne blessait un usage, comme nous l'avons déjà dit, fort contestable; on voulut prendre un acte de notoriété. Henrys, premier avocat du roi au bailliage et siège présidial du Forez, fut consulté; son adhésion eût été d'un grand prix, et il était important de se l'assurer. Il est curieux de voir dans ses œuvres ce qui se passa à cette occasion, et comment il reçut les ouvertures qui lui furent faites (1).

« Les avocats ayant parlé, dit-il, et le syndic
« des procureurs pour tous, nous dîmes que

(1) Henrys, loc. cit., p. 777.

« nous ne pouvions pas bien adhérer à l'acte
« qu'on requérait; que, d'une part, il n'y avait
« *qu'un ou deux avocats anciens* qui pussent
« véritablement assurer l'usage et, pour les
« procureurs, que, s'agissant d'un point de
« droit, il semblait que cela fût hors de leur
« portée; et, d'autre part, qu'il ne suffisait pas
« seulement de dire que les femmes s'obligent
« communément sans qu'elles en réclament,
« et qu'on l'a vu ainsi pratiquer, qu'il faudrait
« passer plus avant, et, pour établir un usage
« certain, alléguer des privilèges formels et des
« sentences contradictoires. »

Pour ces motifs, et pour d'autres fondés sur
la loi Julia, et sur la fausse interprétation que
l'on voulait donner à l'édit de 1606, il refusa
donc de se joindre à l'acte qu'on lui deman-
dait.

Cependant cet acte de notoriété fut accordé
à l'audience du samedi 28 juillet 1652; il était
fondé sur l'utilité du commerce et sur le privilège de l'édit de 1606, c'est-à-dire sur l'intérêt
personnel et sur l'erreur. Mais si les juges l'ac-
cordèrent, ils ne demeurèrent pas moins fer-
mes dans leur conviction, et deux nouveaux
arrêts vinrent augmenter de leur poids l'autorité de la jurisprudence établie par les précé-
dents. C'est Henrys encore qui nous en fournit

la teneur. Nous citerons seulement le titre sous
lequel il les produit (1) :

« Arrêts notables, par lesquels jugé, que
« nonobstant les prétendus actes de notoriété
« des sièges de Lyonnais, Beaujolais, Forets et
« Mâconnais, la loi Julia du fonds dotal doit
« être observée en la ville de Lyon tant à l'égard
« de la dot mobilière qu'immobilière... etc. »
Et la note dont il les fait suivre (2) :

« Tant il y a que ce dernier arrêt, rendu sur
« la requête civile et avec grande connaissance
« de cause, ne doit plus laisser de doute ; et il
« en faut demeurer là, s'il n'y est dérogé par un
« édit. »

47. — C'est, en effet, ce qui arriva peu de
temps après :

« La prédiction de l'auteur suivit de près
« l'impression de son livre ; car cinq ans après,
« le roi fit un édit qui abroge la loi Julia dans
« les provinces des Lyonnais, Forets, Beaujo-
« lais et Mâconnais, que je crois à propos de
« rapporter ici (3). » C'est le fameux édit de

(1) Henrys, t. 2, p. 778.
(2) Henrys, t. 2, p. 786.
(3) Bretonnier sur Henrys, t. 2, p. 190.

1661. On lui a donné une trop grande importance pour qu'il nous soit permis de le passer sous silence. Mais constatons d'abord qu'avant qu'il ne fût rendu, tout ce qui, dans le ressort du parlement de Paris, reconnaissait le droit écrit, avait couvert les meubles dotaux même du principe protecteur de la loi Julia. Cela résulte à la fois des passages cités d'Henrys et de Bretonnier, et du texte même de l'édit, qui naturellement constate l'abus prétendu qu'il vient corriger : « Nous, de l'avis de notre conseil et
« de notre certaine science, pleine puissance et
« autorité royale, avons déclaré, statué et or-
« donné, déclarons, statuons et ordonnons par
« ces présentes signées de notre main, voulons
« et nous plaît que toutes les obligations ci-de-
« vant passées et qui se passeront à l'avenir
« sans aucune force ni violence par les femmes
« mariées dans notre dite ville de Lyon, pays
« du Lyonnais, Mâconnais, Forets et Beaujo-
« lais, sur lesquels aucun arrêt n'est encore in-
« tervenu, soient bonnes et valables, et que par
« icelles les femmes ayant pu par le passé et
« puissent à l'avenir obliger valablement, sans
« aucune distinction, tous et chacun de leurs
« biens dotaux et paraphernaux, *mobiliers* et
« *immobiliers*, sans avoir égard à la disposition
« de la susdite loi Julia, que nous avons abro-

« gée et abrogeons à cet égard, sans qu'en ladite
« ville et pays susdits l'on puisse plus y faire
« aucun fondement ni y avoir aucun égard. Si
« donnons en mandement à nos amés et féaux
« conseillers, etc. (1). »

Voilà la teneur de l'édit. Il abroge la loi Julia
non-seulement pour l'avenir, mais même pour
le passé. Il nous semble voir la femme retomber
in manu mariti, et le mari revenir, après tant
d'années écoulées, au droit de despotisme absolu que lui donnait le premier état de la législation romaine.

Mais au moins cet édit eut-il l'assentiment de
l'opinion publique? Eut-il pour résultat de dé-
livrer les pays de Lyonnais, Beaujolais, Mâconnais et Forets d'une jurisprudence qui
choquait leurs anciens usages, et de les ramener à une coutume longtemps réclamée? Repo-
sait-il sur un vœu populaire, comme quelques
auteurs nous l'assurent? Fut-il en effet réclamé
par le concours des magistrats locaux, et doit-
il prouver cette tendance prétendue qu'avait,
dit-on, le régime dotal à s'affranchir du principe d'inaliénabilité (2)? — Non-seulement on
a le droit d'en douter, mais encore les auteurs

(1) Edit de 1665. Extrait des registres du Conseil d'Etat.
(2) M. Troplong, contrat de mariage, n. 3215.

du temps qui assistèrent à la fois aux intrigues qui
l'arrachèrent à la clémence royale, et à l'effet
qu'il produisit, donnent la preuve du contraire.

Henrys nous a déjà fait connaître la sincérité
de ces prétendus actes de notoriété, en nous
racontant comment avait été obtenu celui de la
province de Forez, et il devient présumable
qu'il en fut ainsi dans les autres provinces,
quand on lit ce passage de Bretonnier (1) :

« Je crois qu'il ne sera pas inutile de faire ob-
« server : 1° que quoique dans cette déclaration
« il soit fait mention qu'elle a été rendue sur la
« réquisition des prévôts des marchands et
« échevins de la ville de Lyon, et que dans
« l'arrêt d'enregistrement il paraisse que les
« officiers de la ville de Montbrison, et les
« échevins et habitants de Villefranche, aussi
« bien que les prévôts et échevins de Lyon en
« aient demandé l'exécution : néanmoins, la
« vérité est que tout cela fut fait à la poursuite
« du sieur Perrachon de Saint-Maurice, fermier
« général de la généralité de Lyon, qui avait in-
« térêt de mettre les sous-fermiers en état de
« pouvoir faire entrer leurs femmes dans les
« baux et leur faire obliger leurs biens
« dotaux. »

(1) Bretonnier sur Henrys, p. 194.

Que le sieur Perrachon de Saint-Maurice eût
réussi à entraîner dans sa poursuite les marchands et prévôts des marchands si longuement
énumérés et dans le texte de l'édit, et dans l'arrêt d'enregistrement, nous n'en doutons aucunement, et son habileté n'aurait pu mieux s'a-
dresser assurément. La communauté d'intérêts
lui assurait leur participation. Mais on ne voit
nulle part que les jurisconsultes, désintéressés
et amis des réformes utiles, aient favorisé ce
mouvement. L'édit fut accordé d'autant plus
facilement, que la couronne elle aussi y trouvait
de grands avantages. « Cet usage n'est pas
« moins nécessaire au grand commerce qui
« fleurit en notre ville de Lyon et lieux circon-
« voisins (1), lequel procure l'abondance de
« toutes sortes de marchandises à notre
« royaume, et donne les moyens par les cor-
« respondances de faire tenir à nos officiers et
« autres employés à notre service, dans les
« pays les plus éloignés, toutes les sommes
« dont ils peuvent avoir besoin, desquels les
« Rois, nos prédécesseurs, et Nous, avons tiré
« des secours très-considérables dans les occa-
« sions pressantes de notre État, dans la guerre
« et dans la paix ; ce qu'il leur serait impos-

(1) Dit le texte de l'édit de 1664.

« sible de faire par le peu d'assurance..... etc.
« ... etc. ... au moyen de quoi leur crédit se-
« rait bientôt perdu, et tout le commerce par
« conséquent ruiné, au grand préjudice de
« notre dite ville de Lyon et détriment de tout
« notre État... etc. »

Ainsi, voilà comment cette protestation contre l'inaliénabilité de la dot, soulevée d'abord
par un ou deux avocats (1), rencontra un protecteur puissant et actif dans le sieur Perrachon de Saint-Maurice, et comment ce fermier
intègre et jurisconsulte habile sut faire donner
force de loi à une interprétation jugée fausse
par la jurisprudence de l'édit de 1606.

Si maintenant nous recherchons quel fut l'effet produit par la loi nouvelle, nous rencon-
trons encore le témoignage de Bretonnier,
contemporain de l'édit (2).

« Je crois qu'il n'est pas inutile d'observer,
« dit-il... 2° que cette déclaration est observée
« dans le Mâconnais, mais qu'elle n'est pas
« suivie dans la province d'Auvergne, même
« dans les bailliages qui se régissent par le
« droit écrit. »

(1) Henrys, p. 777.
(2) Bretonnier, p. 104.

Or, nous voyons ailleurs, dans le même auteur, que la partie de l'Auvergne qui suivait le droit écrit était enclavée pour ainsi dire dans le Forez, et que ce qui se jugeait dans l'une de ces provinces, se jugeait en général aussi dans l'autre. Mais, dans cette circonstance, l'Auvergne, profitant de ce que son nom n'était pas compris dans les termes de l'édit, refusa de l'admettre, comme une innovation dangereuse.

Et dans les provinces mêmes pour lesquelles il fut fait, on trouve les traces d'une vive résistance. Des femmes, qui étaient déjà en instance pour faire annuler des obligations ou aliénations par elles consenties, et qui voyaient le succès de leur demande compromis par l'édit; d'autres même, qui n'avaient dans ce débat d'autre intérêt que celui de vouloir que leurs rapports avec leurs maris ne fussent pas dénaturés, formèrent opposition à l'enregistrement de l'édit. Elles représentèrent que la loi nouvelle les privait du droit protecteur qui couvrait leurs biens, et sur la foi duquel elles avaient contracté leurs mariages; elles parlèrent des intérêts de leurs enfants; elles ajoutèrent, sans doute, qu'on faisait du régime dotal, dont l'esprit était d'entourer le mari d'entraves, un régime plus confiant et plus nuisible à la conservation de leur dot que la communauté même,

car dans la communauté la femme partageait
les bénéfices faits par son mari, tandis que dans
le nouveau système que la loi créait elle voyait
ses biens exposés dans des périls où ils pouvaient disparaître, sans aucu... espérance pour
elle d'avoir part aux bénéfices ...i en pouvaient
résulter, le régime dotal ne lu... reconnaissant
que le droit de reprendre son apport. Ainsi
elle risquait de tout perdre, sans avoir aucune
chance de rien gagner.

Toutes ces réclamations étaient parfaitement
justes, et nous ne croyons pas qu'il fût possible
d'y répondre rien de sensé. L'intérêt du commerce, la prospérité des grandes villes de Lyon,
etc., ne pouvaient légitimement leur être opposés. N'est-il pas évident, en effet, que c'est
surtout dans les provinces où domine le génie
du commerce, c'est-à-dire le goût des expédi-
tions hardies et des entreprises hasardeuses,
qu'il est précisément le plus nécessaire de garantir la fortune de la femme, afin qu'elle reste
comme une réserve assurée, destinée à la fois,
quoi qu'il arrive, à nourrir le ménage commun
avec ses fruits, et à garantir l'avenir de la femme
et des enfants avec son capital, alors que la
fortune du mari se trouve tellement aventurée.

Le président de Lamoignon, cet homme à
l'intégrité duquel tous les partis rendaient

hommage, ce jurisconsulte éminent et sévère qui n'avait d'entraînement sur son siège que pour la justice et le droit, dont on disait de son temps même ces belles paroles : *qu'il était plus difficile de détourner sa conscience de l'honnêteté que le soleil de son cours* (1), et dont l'esprit, assez profond et assez hardi pour oser embrasser et comparer dans leurs diversités toutes les coutumes différentes, méditait, *dans ses arrêtés,* de les fondre dans une loi unique pour tout le pays; le président de Lamoignon ne se méprit pas sur les conséquences de l'édit de 1664. Il en comprit les inconvénients, les dangers. Les intérêts des femmes trouvèrent en lui un vigoureux défenseur (2). Néanmoins, le parlement, abusé sans doute par les *prétendues* (3) lettres de notoriété des marchands et prévôts, des marchands des villes de Lyon, e'c., rejeta l'opposition dont nous avons parlé et ordonna l'enregistrement.

Ainsi voilà, d'après des sources d'une authenticité incontestable, les circonstances qui pré-

---

(1) Vie de Lamoignon, en tête de *ses arrêtés.* « Ille est Fabricius qui difficilius ab honestate quam sol a cursu suo averti potest. » Eutrope, l. 2, ch. 14.

(2) M. Troplong, *contrat de mariage,* n. 3215.

(3) Voir plus haut, p. 70 et 84.

cédèrent et qui suivirent la naissance de l'édit. Elles nous semblent infirmer d'une manière très-positive le jugement qu'en ont porté plusieurs auteurs, à savoir qu'il correspondait à un vœu dès longtemps populaire, qu'il consacrait un vieil usage considéré par les villes de Lyon, Mâcon, etc., comme un privilège. Nous ne nous le dissimulons pas cependant, il est notoire que l'inaliénabilité de la dot conquise ainsi d'abord par l'intrigue, fit de rapides progrès dans l'affection des provinces soumises à l'édit. — Il est vrai qu'elles devinrent bientôt fermement attachées à ce privilège; mais faut-il en tirer une conclusion favorable au régime nouveau formé par la nouvelle loi? Non, il était naturel qu'une mesure qui avait pour effet de doubler le crédit en augmentant la masse de biens susceptibles d'être engagés, reçut un bon accueil d'une population entièrement tournée vers les entreprises commerciales et industrielles. Qu'elle dépouillât la femme sans l'associer aux bénéfices possibles, peu importait, pourvu quele mari pût donner plus d'essor à ses affaires et doubler sa fortune.

Quoi qu'il en soit, d'ailleurs, de la valeur et de la portée de l'édit de 1664, il faut considérer qu'il n'était reconnu que par les quatre provinces de Forets, Lyonnais, Beaujolais et Mâ-

connais, c'est-à-dire par une portion bien restreinte des pays de droit écrit, dépendants du
ressort du parlement de Paris. Ne nous préoc-
cupons donc pas autrement du privilège dont
elles jouissaient d'aliéner le bien dotal, tant
immobilier que mobilier, et contentons-nous
de le montrer comme une exception unique
qui fait ressortir plus clairement cette incontestable vérité : que le parlement de Paris, dans
tous les pays de droit écrit dépendant de sa
juridiction, étendait le principe d'inaliénabilité
non-seulement aux immeubles, mais même aux
meubles dotaux.

48. — Mais ce n'était pas seulement dans les
pays de droit écrit dépendant du ressort du
parlement de Paris, que l'inaliénabilité de la
dot embrassait à la fois le fonds inestimé et les
biens mobiliers ; quelques pays de coutume,
compris aussi dans sa circonscription, séduits
par l'utilité de ce principe, le leur emprun-
taient.

Nous en trouvons le témoignage dans Brodeau. Il dit quelque part que « le serment prêté
« par la femme mariée au contrat ou autre acte
« portant aliénation de sa dot, est déclaré nul
« non-seulement aux pays de droit écrit où la loi
« Julia est observée, mais même par quelques

« coutumes, et notamment par celles d'Au-
« vergne et de Marche (1). »

49. — L'Auvergne, limitrophe du Forez,
quoique entourée de tous côtés par le droit écrit,
offrait cette particularité qu'elle ne reconnaissait pas dans toutes ses parties sa suprématie.
Triomphant dans quelques villes, le droit romain rencontrait dans d'autres une coutume
soigneusement détaillée et parfaitement rédi-
gée, qui luttait d'autorité avec lui. Aucune dé-
marcation précise ne fixait même leurs do-
maines respectifs, et Chabrol, en imprimant la
coutume d'Auvergne, pouvait dire (2) :

« Le mélange du droit écrit et des coutumes
« est, en Auvergne, une singularité dont la
« France ne fournit point d'autre exemple. Il
« n'y a point de ligne de division, et quelquefois
« les deux lois se trouvent cumulativement, au
« point qu'une même maison se régit par la
« coutume pour une moitié, et par le droit écrit
« pour l'autre : une succession y est déférée,

---

(1) *Brodeau sur Louet*. Lettre D, nombre 12.
(2) Chabrol, *coutume d'Auvergne*. — Dissertation sur
l'origine et les motifs de l'introduction et du mélange du
droit écrit et du droit coutumier dans la province d'Auvergne.

« moitié au plus proche, suivant le droit ro-
« main, et moitié à l'estoc, suivant la cou-
« tume. »

Quant à la partie de cette province qui admettait le droit écrit, nous avons déjà vu, par
une citation précédente, qu'elle reconnaissait
l'inaliénabilité des meubles dotaux. On se rappelle en effet que Bretonnier, racontant les intrigues qui firent porter l'édit de 1664, ajoute
que l'Auvergne n'en admit jamais les dispositions (1). Ainsi, cette innovation que quelques
auteurs s'appliquent à représenter comme une
juste satisfaction accordée aux sollicitations de
tout un peuple, comme une correction nécessaire à un abus évident, n'était ni adoptée ni
même appréciée dans les provinces les plus
rapprochées.

Le principe n'était pas admis d'une manière
aussi absolue par la coutume. Elle y ajoutait
certains tempéraments sur lesquels il faut d'a-
bord se fixer.

Parmi les Novelles de Justinien longtemps
inconnues en France, il en était une (2) par
laquelle l'Empereur, voulant assurer à la femme

(1) Henrys. — Observation de Bretonnier, t. 2, p. 195.
(2) Novelle 61.

le bénéfice de sa donation *propter nuptias*, prohibait et annulait rigoureusement tout acte fait soit par le mari seul, soit par les deux époux conjointement, dont l'effet était de faire sortir actuellement l'immeuble compris dans la donation, des mains de la femme, ou même d'en compromettre pour l'avenir la propriété, par la concession d'une hypothèque.

Toutefois, si la fortune du mari était telle que ses biens dussent être certainement suffisants pour indemniser la femme, l'aliénation ou l'hypothèque restaient valables à la condition qu'elles fussent librement approuvées par la femme, et que son consentement à ces actes fût confirmé par elle au bout de deux ans (1). Cette disposition était, comme on voit, la même que celle qui désarmait la prohibition célèbre du sénatus-consulte Velléien (2).

Or, dans cette même Novelle, Justinien assimilait la dot à la donation anténuptiale, quant aux règles qu'il venait d'établir. Dès lors, comme le remarquent Cujas et Bretonnier (3), l'aliénation de la dot devenait valable, et le

---

(1) Novelle 61, — § 3.
(2) L. 22, Code, *ad senatusconsultum Velleianum.*
(3) Cujas, Exposition des Novelles. Bretonnier, sur Henrys, t. 2, question 141.

principe tutélaire de l'inaliénabilité était forte-
ment ébranlé.

C'est l'idée de cette Novelle qui se retrouve
dans la coutume d'Auvergne (1). — L'article 3,
qui déclare l'aliénation nulle, y est, en effet,
immédiatement amendé par l'article 4.

En voici le texte :

« Art. 3. Le mary et la femme, conjointe-
« ment ou séparément, constant le mariage ou
« fiançailles, ne peuvent vendre, aliéner, ni
« permuter, ni autrement disposer des *biens*
« *dotaux* d'icelle femme, *à son préjudice,* et
« telles dispositions et aliénations sont nulles
« et de nul effet et valeur, sans qu'elles puis-
« sent être validées par serment. »

« Art. 4. Mais quand la dicte femme est due-
« ment récompensée de fonds et chevance cer-
« tains, en ce cas, est au choix de la dicte femme
« mariée ou ses descendants, dedans an et jour
« après le trespas de son mary, recouvrer e'
« soy tenir à la chose dotale ou à la dicte récom-
« pense, et, ledit temps passé, ne pourra reve-
« nir à la chose dotale, posé que la récompense
« ne fût suffisante, si ce n'est en cas d'evic-
« tion. »

(1) Art. 3 et 4, chapitre 14, *des donations dots et mariages.*

Ainsi, protectrice vigilante mais intelligente
en même temps des intérêts de la femme mariée, la coutume annulait l'aliénation ou l'hypothèque qui pouvait préjudicier à ses droits,
et, d'autre part, quand la fortune du mari était
une garantie suffisante contre ce danger, elle
adoptait un terme de conciliation entre le respect dû à ce principe tutélaire de l'inaliénabilité et l'esprit de liberté. La femme avait le
choix ou de faire prononcer l'annulation, ou de
demander récompense à son mari.

Mais faut-il conclure de ce tempérament
apporté par l'article 4 à la rigueur du principe, que l'Auvergne coutumière s'affranchit de
la vieille règle et permit la vente du bien dotal (1)? Je suis loin de le penser, et surtout
après la prohibition si absolue et si catégorique
de l'article 3, je ne puis voir dans l'article 4
qu'une concession faite à la femme bien plutôt
encore qu'au mari, qu'une voie nouvelle et plus
facile qui lui est ouverte pour retrouver la valeur de sa dot, sans avoir à recourir aux
moyens moins sûrs et plus coûteux de la revendication contre des tiers. — La puissance
du mari n'est augmentée en rien; il ne peut pas

(1) Comme l'ont fait des auteurs, et notamment Bre oi-
nier, M. Troplong, n. 3216.

plus aliéner les biens dotaux qu'il ne le peut dans le pays de droit écrit : il suffit de lire le texte de l'article 3 pour s'en convaincre, et sous ce rapport rien n'est changé. Mais si, en dépit de la loi, il a enfreint sa prohibition, alors l'article 4 donne par faveur expresse à la femme le droit, au lieu de se lancer par des recherches interminables et incertaines à la poursuite de son bien dotal, de se retourner vers son mari et de lui demander raison de ses actes sur ses propres biens. — Voilà uniquement, suivant nous, en quoi consiste l'innovation, voilà la véritable interprétation de l'article 4 de la coutume d'Auvergne.

Une autre disposition de la même coutume nous semble confirmer cette interprétation. Non-seulement, en effet, elle prohibait l'aliénation des biens dotaux, mais, suivant Henrys (1), *elle passait plus avant,* et, dans le chapitre des obligations (2), il était dit d'une manière absolue que la femme constant le mariage, ne se peut obliger pour le fait de son mari ni de celui ou ceux à qui son mari pourrait succéder, ni aussi

(1) Henrys, t. 2, l. IV, question 141. Broleau sur Louet, lettre D, nombre 12.

(2) Coutume d'Auvergne, chap. des obligations, art. 1 et 2.

renoncer aux obligations ou hypothèques à
elle appartenant. Et Brodeau ajoute (1), pour expliquer ce passage, qu'il ne doit s'entendre que
des obligations qui porteraient sur les biens
dotaux, à cause de leur caractère d'immobilité; car l'obligation de la femme mariée dûment autorisée vaut, dit-il, en pays de coutume
qui reçoivent la loi Julia, comme en pays de droit
écrit, pour être exécutée sur les biens paraphernaux.

Cette dernière citation nous semble de nature
à trancher tous les doutes, et nous permet de
conclure hardiment que la province d'Auvergne, dans toute son étendue, et sans distinguer
la loi qui la régissait, doit figurer dans la no-
menclature des provinces dans lesquelles la
jurisprudence admettait, par une mauvaise interprétation de la loi Julia peut-être, mais à
coup sûr par une saine appréciation des besoins
et des intérêts du temps, le principe de l'inaliénabilité des *biens dotaux* (2).

(1) *Loco citato*, et aussi Commentaire de la coutume d'Auvergne, chap. 18, des obligations, art. 1.

(2) Et par *biens dotaux*, tous les commentateurs et arres-
tographes entendent toujours tous les biens qui composent
la dot, tant meubles qu'immeubles. *Biens dotaux* est toujours opposé en effet à *biens paraphernaux*, et signifie
dès lors l'universalité de la dot.

50. — Tout ce que nous venons de dire doit s'appliquer à la coutume de Marche (1), qui contenait des dispositions calquées sur la coutume d'Auvergne.

51. — Après le parlement de Paris, on rencontrait dans les pays du Midi les parlements de Bordeaux, de Toulouse, d'Aix et de Grenoble ; nous allons successivement donner un aperçu de leurs jurisprudences.

Nous trouvons dans Salviat et dans Tessier des renseignements précieux sur la pratique du Parlement de Bordeaux. Tessier surtout, ancien bâtonnier de l'ordre des avocats près la cour créée dans cette ville, a pris à tâche d'établir cette jurisprudence par des preuves originales et surabondantes. La coutume de Bordeaux portait une disposition à peu près semblable à celle de la coutume d'Auvergne (2). La femme qui trouvait dans les biens de son mari une valeur suffisante pour s'indemniser, pouvait laisser subsister l'aliénation par lui faite. Mais ce qui prouve bien que c'était, comme nous l'avons fait remarquer à propos de la disposition semblable de la coutume

(1) Coutume de la Marche, art. 299 et 300.
(2) Coutume de Bordeaux, art 53.

d'Auvergne, une faveur accordée à la femme,
et non une extension des droits du mari, c'est
que le Parlement de Bordeaux décidait, malgré
cet article 53 de la coutume, que les meubles
dotaux non fongibles étaient inaliénables (1).

M. Tessier cite à l'appui de cette opinion
quelques extraits du recueil des attestations du
barreau de Bordeaux :

« Attesté le 17 août 1672 que les *dots* des
« femmes sont inaliénables.

« Attesté le 9 juillet 1696 que les *biens do-*
« *taux* sont inaliénables, conformément au
« droit, et que les femmes mariées, quoique
« séparées de biens, ne peuvent aliéner leurs
« biens dotaux. »

« Attesté le 4 décembre 1686 que pendant le
« mariage le mari et la femme ne peuvent
« conjointement ni séparément faire aucun
« acte qui puisse nuire à *la dot* (2). »

Le parlement de Bordeaux prenait même
tant de précautions pour assurer la sincère observation du principe d'inaliénabilité de la dot
mobilière, qu'il ne reconnaissait à la femme

---

(1) M. Tessier, t. I, note 499. M. Troplong, Contrat de
mariage, t. IV, n° 3219.

(2) Salviat, jurisprudence du Parlement de Bordeaux, v°
Dot, n° 9.

sir, ni arrêter les sommes dotales pour quel-
séparée de biens le droit de recevoir en paiement les capitaux composant sa dot, qu'à la
charge de remploi ou de bail à caution (1).

Toullier, cependant, avait cru la jurisprudence du parlement de Bordeaux indécise sur
cette question, et il avait osé imprimer qu'on
y avait jugé le pour et le contre en cette matière (2). Suivant la remarque de M. Tessier,
c'est là une confusion; la question agitée et
laissée indécise n'était pas celle de savoir si
les meubles dotaux devaient être inaliénabl ,
mais bien celle fort différente de décider si ia
dot, quelle que fût du reste sa composition,
pouvait être donnée par la femme, en faveur
d'un parent collatéral et même d'un étranger.
La critique de Toullier n'est donc pas fondée.
Le parlement de Bordeaux n'avait pas d'incertitude sur ce point, sa jurisprudence était parfaitement établie à l'égard du principe de l'inaliénabilité des meubles dotaux, et même à
l'égard de ses conséquences qu'il poussait peut-
être plus loin qu'aucun autre parlement. Nous
avons vu, en effet, plus haut (3), d'après Salviat,
que les créanciers du mari ne pouvaient ni sai-

(1) Salviat, p. 195, 196 200. — M. Tessier, note 550.
(2) Toullier, livre 7, p. 109 à 126.
(3) Nº 13.

que cause que ce fût; car la dot constituée en obligations n'était pas plus sujette aux dettes du mari qu'à ses actes d'aliénation; et Automne rapporte un arrêt du 19 juin 1607 qui prononce la nullité d'une saisie de meubles corporels estimés dans le contrat, dans un cas où le mari était insolvable.

En voilà assez sans doute pour prouver que l'autorité du parlement de Bordeaux doit confirmer sur ces matières l'autorité du parlement de Paris.

52. — La jurisprudence du parlement de Provence présente la même certitude sur cette question. Julien rapporte, dans son recueil (1), que la femme ne peut, pendant le mariage, aliéner ni engager sa dot. soit qu'elle consiste en argent, meubles ou immeubles, et Duperrier, écuyer et doyen de messieurs les avocats au parlement de Provence, confirme cette opinion en termes formels, lorsque, sous la rubrique de cette question : « La femme peut-elle, pendant « la vie de son mari, obliger ses biens dotaux? » il dit en commençant : « L'opinion commune « en cette province est pour la négative *sans* « *distinction* (2). »

(1) Julien, *éléments de jurisprudence*, p. 57 n° 28.
(2) Duperrier, t 1, l. 1, qu. 3.

53. — Dans le ressort du parlement de Toulouse, on trouve des témoignages contradictoires. Catelan et Serres, d'une part, admettent l'aliénabilité absolue des meubles dotaux. Despeisses (1), au contraire, déclare que le meuble dotal doit être assimilé au fonds dotal, et que c'est ainsi que le décide la jurisprudence. Enfin, une troisième opinion est formulée par l'annotateur de Despeisses, Guy du Rousseaud de Lacombe (2). La femme, suivant lui, ne peut révoquer l'aliénation faite par son mari, mais elle a le droit de revendication, si les créanciers de ce dernier ont saisi sa dot mobilière. Ainsi, c'est un système mixte qui reconnaît le meuble dotal aliénable, mais le déclare en même temps insaisissable.

Quoi qu'il en soit, et bien qu'on ne fût pas d'accord sur le principe en lui-même, il était constant dans le ressort de Toulouse que la femme, sauf dans quelques cas exceptionnels et limités, n'engageait pas sa dot en empruntant pendant son mariage, et que même après la séparation, elle ne pouvait recevoir les capitaux composant ou représentant ses apports, qu'à charge de placement ou de bail à cau-

(1) Despeisses, t. 1, p. 508.
(2) Sur Despeisses, *loc. cit.*

tion, comme dans le ressort de Bordeaux (1).

Ainsi, dans certaines parties du Languedoc, à Montpellier entre autres, où Despeisses exerçait ses fonctions, le principe de l'inaliénabilité était reconnu et appliqué avec toutes ses conséquences ; et si partout il n'en était pas de même, nous venons de montrer du moins qu'en plusieurs points la faculté d'aliéner se trouvait déjà singulièrement restreinte par la pratique des tribunaux. Le mouvement d'assimilation de la dot mobilière à la dot immobilière, arrivé à son terme dans le ressort des parlements de Paris et de Bordeaux, commençait donc aussi à se faire sentir, malgré la résistance de quelques jurisconsultes, dans le ressort du parlement de Toulouse. Il est à propos de faire remarquer ici que le Languedoc était le seul pays de droit écrit qui eût conservé à la femme l'hypothèque privilégiée résultant de la loi 12 au C. *qui potior in pign.* Cette mesure, qui couvrait la restitution de la dot d'une garantie spéciale, explique peut-être la lenteur avec laquelle le parlement de Toulouse entrait dans la voie nouvelle ouverte par les parlements voisins.

(1) Vedel sur Catelan, l. 4, chap. 45. — Despeisses, t. 1, p. 492.—Fromental, v° *séparation.*— Laviguerie, *arr. du parl. de Toul.*, t. 1, p. 257. — Voir l'excellent article de M. Pont, *Journal du Palais,* 1852, II, p. 518.

Il se conçoit aisément, en effet, que là où une protection efficace existait déjà en vertu de la loi, on fût moins prompt à admettre des réformes qui offraient moins de nécessité.

54. — Et le parlement de Grenoble. On sait quels étaient non-seulement dans le Dauphiné et les provinces limitrophes, mais dans toute la France, l'autorité de son nom, et le crédit de ses arrêts. — Dans ces temps où les juridictions n'étaient pas encore bien limitées, et où l'accord des parties pouvait déterminer le choix de leurs juges, et fixer la compétence du tribunal qui devait décider de leurs intérêts, le parlement de Grenoble, par la réputation de science et d'intégrité des magistrats éminents qui le composaient, voyait arriver à lui une foule d'affaires étrangères à son ressort, et qu'y attiraient la confiance de son nom, et le désir d'une bonne justice. — Expilly, recevant en 1614 au sein du parlement les Députés des Etats du Dauphiné, pouvait leur dire avec un juste orgueil :

« Comme cette province a été fleurissante en
« grans personnages pour la justice, on a veu et
« on le void tous les jours que ce parlement sert
« à toute la France comme les amphyctions à
« toute la Grèce. On y accourt et recourt de
« toutes pars, du fons de la Normandie, de la

« Bretagne et Guyenne. Quant à la Provance,
« Bourgongne et Languedoc, nos régitres sont
« plus chargéz de leurs causes que de celles
« de ce païs (1). »

Or, d'après sa jurisprudence tellement res-
pectée, la femme et ses héritiers avaient la faculté de faire casser l'aliénation des meubles
dotaux, lorsque ces meubles ne consistaient pas
en poids, nombre et mesure. Un arrêt du 14
août 1660 disait qu'il fallait les assimiler à l'immeuble constitué dotal, les dits meubles étant
dotaux (2).

Un rapprochement rend cette jurisprudence
du parlement de Grenoble encore plus significative. Nous avons parlé plus haut des *Petri
exceptiones* ou *excerptiones legum romanarum.*
On se rappelle que ce document, ccmposé dans
le territoire de Valence, est, suivant M. de
Savigny, un recueil du droit de la province à
cette époque, c'est-à-dire vers le milieu du
onzième siècle (3). Or, il constate d'une manière

---

(1) Expilly. Plaidoyer 35e, remontrance faite en l'an
1614, lorsque les états du païs du Dauphiné viudrent au Parlement rendre conte aus comissaires députez par le roy de
leurs délibérations et conclusions prises en leur assemblée.

(2) Expilly, seconde partie, arrêts, chap. 123.—M. Troplong, n. 3220.

(3) M. de Savigny, chap 9, p 86, note D.

positive que les meubles dotaux pouvaient y
être aliénés au gré du mari, même sans le
consentement de sa femme : « Maritus dotem
alienare potest, *si mobilis sit*, etiam sine consensu uxoris, æstimatione tamen reddendâ
uxori (1). » C'était donc là l'usage établi dans
le ressort de Grenoble. Nous venons de voir
qu'il ne put s'y maintenir. La fortune mobilière, en se développant, parut réclamer le même
degré de protection que la fortune immobilière,
et les tribunaux, malgré l'usage établi, étendirent même sur elle le bienfait de l'inaliénabilité.
Ainsi, la jurisprudence du parlement de Grenoble offre cette particularité, qu'elle se présente non pas seulement comme une interprétation des lois existantes, mais comme un
progrès sur les anciens usages.

Mêmes idées en Savoie, de l'aveu de tous les
auteurs (2). Mais nous nous arrêtons là, et le
parlement de Grenoble est l'autorité imposante
par laquelle nous nous plaisons à couronner ce
long examen de la jurisprudence dans les
temps intermédiaires.

55. — Ainsi, des cinq cours souveraines qui

(1) *Petri exceptiones*, cap. 34. V. M. de Savigny, l. 4, *in
fine.*

(2) M. Troplong, n. 3221. — M. Odier, t. 3, n. 1235.

réunissaient sous leur juridiction l'immense
étendue des pays attachés aux institutions
dotales, quatre, celles de Paris, de Bordeaux,
d'Aix et de Grenoble, ne voulaient rien diviser
dans la dot, et, la regardant, suivant l'expression de Bartole, comme un tout, *quid univer-
sale*, sans s'attacher aux corps particuliers qui
le composent, décidaient qu'elle était inaliénable, quelle que fût la nature des biens qu'elle
comprenait. Et quant au parlement de Toulouse,
si la même doctrine n'y était pas universellement reconnue, elle y rencontrait aussi de
nombreux partisans (1).

On ne saurait donc en douter, la très-grande
majorité des pays de droit écrit avait assimilé la
dot mobilière à la dot immobilière. Quelle était
donc la raison de cette tendance à ajouter des
entraves nouvelles à la circulation des biens?
Elle était dans la saine intelligence qu'on avait
alors des avantages du régime dotal. On pen-
sait que pour maintenir ces avantages, il fallait
transformer la loi à mesure que se transformait
la constitution des fortunes privées. On com-

(1) C'est à dessein que nous n'avons pas parlé de la coutume de Normandie ; nous n'avons voulu suivre le régime
dotal que dans les pays où il est une émanation du droit
romain, laissant de côté ceux où il est une institution de la
coutume.

prenait que la loi de Justinien, suffisante à une époque où la propriété foncière était l'élément principal de la dot, devenait insuffisante depuis que la dot était le plus souvent constituée en meubles ou en deniers, tant par suite du développement du commerce et de l'industrie, que par suite de l'usage établi de faire renoncer les filles à la succession de leurs ascendants dans leur contrat de mariage, moyennant une indemnité. On sentait que ce qui faisait l'essence du régime dotal, ce n'était pas le texte de la loi romaine, mais le principe de l'inaliénabilité, et que maintenir le texte de la loi de Justinien dans les conditions nouvelles, avec des dots le plus souvent mobilières, c'était, en définitive, abroger le régime dotal, puisque c'était le dépouiller de son principe fondamental, et rendre le mari maître de la fortune de sa femme (1).

Quoi qu'il en soit d'ailleurs, et sans prétendre

(1) Henrys, t. 2, qu. 8. — « Outre qu'à présent la dot « étant le plus souvent constituée en deniers, et cette cons- « titution tenant lieu de légitime et de la portion d'une suc- « cession future qui serait due au corps héréditaire, cette « subrogation la doit faire censer de même nature et rendre « la prohibition générale, puisque autrement la dot de quel- « ques femmes exceptée, presque toutes les autres se trou- « veraient indotées par la fragilité de sexe et autorité que les « maris ont sur elles. »

en être la caution, voilà quel était l'état de la jurisprudence de nos parlements sur cette grave question de l'inaliénabilité des meubles dotaux, voilà comment ils concevaient et appliquaient le régime dotal, lorsque l'Assemblée Constituante décréta que la France entière serait ramenée à une législation uniforme (1), et que le Premier Consul, mettant à exécution cette vaste et bienfaisante idée, livra toutes les matières du droit aux études laborieuses et aux savantes discussions du Conseil d'État (2).

III. — DROIT ACTUEL.

56. — Nous arrivons maintenant à notre Code civil.

57. — On sait ce qui se passa à l'occasion du contrat de mariage. Le projet de loi d'abord rédigé souleva dans les quarante départements du centre et du midi de la France, attachés aux institutions du droit romain, de vives et unanimes réclamations. L'insuffisance et la singularité de sa rédaction semblait trahir l'intention de proscrire le régime dotal. Le projet commençait en

(1) Constitution du 3 septembre 1791, titre I.
(2) Arrêté des consuls, 12 août 1800.

effet par organiser dans tous ses détails le régime de la communauté, et ce n'était qu'après
avoir longuement développé ses règles admises
comme droit commun de la France, qu'il ré-
servait dans son avant-dernier article (1) la faculté pour les époux d'étendre ou de modifier
les effets des conventions établies par la présente loi, ou même de faire entre eux telle autre convention qu'ils jugeraient à propos, pourvu
toutefois qu'ils se conformassent aux dispositions des articles 1 et 2. Or, l'article 2 prohibait
en termes très-précis de régler ses conventions
matrimoniales par aucune des lois, statuts, usages et coutumes antérieurs ; de telle sorte que
l'habitant du pays soumis au droit écrit qui voulait profiter de la liberté accordée par l'article
158 pour soumettre son contrat de mariage au
régime de la dotalité, se trouvait aussitôt repoussé par l'article 2 du projet, qui abrogeait ce
régime comme loi antérieure. — L'opinion publique s'émut à la nouvelle de la suppression
possible du régime préféré ; et cette interpréta-
tation juste ou erronée des intentions du Conseil d'Etat ramena du centre et du midi de la

___

(1) Art. 158. — Voir le rapport de M. Duveyrier chargé
de présenter le projet définitif au tribunat, Fenet, t. 13, p.
693 et suiv.

France, avec le projet de loi, l'expression des plaintes et de la résistance la plus unanime.

58. — Leurs tribunaux réclamèrent, et les législateurs, plus éclairés, remanièrent le projet de loi et s'empressèrent, après l'article qui abrogeait les anciennes lois et coutumes, d'expliquer la conséquence raisonnable de cette abrogation, en statuant, par une nouvelle disposition (1), que les époux pourraient cependant déclarer qu'ils entendaient se marier ou sous le régime de la communauté, ou sous le régime dotal. Ainsi, par cette sorte de transaction entre le nord et le midi, les partisans de la communauté firent deux concessions importantes : la première fut la faculté d'opter pour le régime dotal; et la seconde fut une organisation complète de ce régime, où l'ancien principe de l'inaliénabilité de la dot fut maintenu.

59. — Ce ne fut donc que sur la demande des pays de droit écrit, et pour donner satisfaction à cette sorte de soulèvement populaire, que le régime dotal fut admis dans le texte officiel de la loi. L'intention des législateurs ne fut donc

(1) Art. 5, Fenet, t. 13. — Rapport de M. Daveyrier au tribunat, p. 693.

pas de créer un système nouveau, ou de modifier celui qui existait, ce qui aurait été fort mal répondre aux vœux des provinces du Midi, mais de laisser subsister celui qu'on avait cru d'abord devoir supprimer.

60. — Or, quel pouvait être ce régime pour lequel les populations manifestaient un tel attachement et qu'elles faisaient réclamer comme une institution fondamentale et chère à leurs intérêts par l'organe de leurs tribunaux? Ce n'était évidemment ni le système de la loi Julia, ni le régime mixte créé par l'édit de 1664 dans les Forez, Lyonnais, etc., à peine connu et nullement apprécié hors de la circonscription restreinte de ces contrées (1); mais celui qu'elles voyaient journellement à l'œuvre depuis des siècles, celui qui avait réglé les conventions matrimoniales de leurs pères, celui qui avait protégé et conservé leur propre fortune, celui dont elles appréciaient tous les jours les effets, le régime dotal enfin tel que l'avaient fait leurs tribunaux, c'est-à-dire caractérisé par l'interprétation la plus absolue du principe d'inaliénabilité de la dot.

(1) Témoin Bretonnier sur Henrys, t. 2, p. 195.

8

Voilà le régime que demandaient les quarante départements du Centre et du Midi de la France; voilà le régime qui fut accordé à leurs sollicitations.

Ce n'est là sans doute qu'une présomption ; mais elle se trouve confirmée à la fois par les circonstances et par les procès-verbaux officiels qui nous ont été transmis de la discussion devant le conseil d'Etat. — Qu'on les ouvre à l'endroit où le débat s'établit sur les nouveaux articles à insérer dans le projet, pour y introduire le régime dotal, on y voit à chaque instant les législateurs rappeler l'anciennne jurisprudence, et partir de cette idée, qu'on ne fait que la sanctionner (1).

Le consul Cambacérès, entre autres, ne comprenait pas même qu'on voulût organiser le régime dotal; il suffisait, suivant lui, que les parties pussent le choisir, ses règles étaient assez connues dans les pays de droit écrit pour qu'elles n'eussent pas besoin d'être reproduites. Il disait à cette occasion dans la séance du 13 vendémiaire an XII (2) : « .... Les parties pourront « prendre le droit écrit pour règle de leur ma- « riage. Il n'est pas besoin pour qu'une telle « stipulation ait tous ses effets, d'insérer les dis-

(1) Odier, *contrat de mariage*, t. 3, p. 40.
(2) Locré, t. 13, p. 208, n. 35.

« positions du droit écrit dans le Code civil;
« mais il ne faut pas non plus l'affaiblir, en dé-
« naturant le régime dotal. »

Ailleurs, Duveyrier, dans son rapport au tribunat, dit : « L'intention du législateur n'avait
« jamais été d'enlever violemment au Midi un
« système de législation matrimoniale dont
« une longue habitude et le calcul accoutumé
« des intérêts avaient fait un besoin et presque
« un objet essentiel (1). »

Il serait difficile d'exprimer d'une manière
plus claire que les règles transformées en lois
sont celles de l'ancien droit, et que le régime
dotal, en passant dans le texte définitif du Code,
ne change pas pour cela de nature, et reste le
même dans toutes ses parties. Nous en trouvons
encore une preuve dans les considérants d'un
arrêt de la Cour de cassation, du 1er février
1819 (2): « Attendu, y est-il dit, qu'il résulte du
« procès-verbal de la discussion du Code civil,
« que les auteurs du Code ont voulu maintenir
« le régime dotal tel qu'il existait dans les pays
« de droit écrit, sauf les modifications qu'ils
« ont formellement exprimées. » Et il est à remarquer que la Cour dut être bien renseignée.

(1) Fenet, t. 13, p. 693. — Locré, t. 13, p. 323.
(2) Sirey, 19, 1, p. 146.

à cet égard, puisque l'arrêt fut rendu au rapport de Chabot de l'Allier, qui lui-même avait concouru à la rédaction du Code civil.

En présence de tous ces documents officiels, on est étonné de voir la presque unanimité des commentateurs du Code admettre comme chose incontestable que le principe d'inaliénabilité ne doit plus s'appliquer aujourd'hui qu'au fonds dotal, et que le Code répudie à cet égard l'héritage de l'ancien droit. — Est-ce que ce principe serait au nombre de ceux que les législateurs crurent devoir modifier? Bien au contraire. Non-seulement il ne fut jamais question, dans le cours de la discussion, de contester l'extension donnée par la jurisprudence au principe d'inaliénabilité de la dot, et le silence sur une question considérée encore à cette époque comme l'une des plus considérables du droit écrit doit être ici une preuve du maintien de la législation; mais encore, à tout moment, à chaque page des procès-verbaux du Conseil d'Etat, il est facile de voir que les hommes savants qui le composaient, imbus de la jurisprudence établie, ne songèrent jamais à distinguer les meubles dotaux des immeubles dotaux, et que leur pensée embrassait toujours l'universalité de la dot, sans distinguer la nature des biens dont elle était composée.

De nombreuses citations en pourraient faire foi (1). Nous choisirons à dessein celles dans lesquelles *la dot,* ou *les biens dotaux,* se trouvant opposés *aux biens extra-dotaux* ou *paraphernaux,* il devient évident qu'on entend parler de tous les biens composant la dot, sans distinction.

M. Berlier, comparant les avantages de la communauté aux inconvénients du régime dotal, dit : (2) « D'un autre côté, si le *bien dotal* « était assuré par cette entrave (il parle de « l'inaliénabilité), comment le *bien extra-dotal* « l'était-il, lorsque la femme pouvait en dispo-« ser suivant sa fantaisie et sans le consente-« ment de son mari ? etc. »

Ailleurs, c'est M. Tronchet qui s'exprime ainsi (3) : « En pays de droit écrit, *les biens do-* « *taux* étaient inaliénables, même par la femme, « mais elle disposait librement de ses *biens pa-* « *raphernaux* dans les pays de droit écrit qui « n'étaient pas du ressort de Paris ; car dans « ce dernier cas l'autorisation est exigée... « etc. »

(1) Fenet, t. 13 : paroles de Portalis, p. 574 ;— De Berlier, p. 524;—De Treilhard, p. 539, etc.
(2) Fenet, t. 13, p. 525.
(3) Fenet, p. 539, *loco citato.*

Plus loin, c'est M. Treilhard qui s'écrie (1) :
« Pourquoi de tous les biens qui existent *ceux*
« *qui sont dotaux* sont-ils seuls soustraits à la
« circulation ? »

Terminons enfin par une réflexion faite par
M. Tronchet sur l'article 153 du projet, portant
que la dot ne peut être ni constituée, ni même
augmentée pendant le mariage (2) : « M. Tron-
« chet, dit Fenet, répond qu'il y aurait toujours
« de l'inconvénient, en ce que la dot étant ina-
« liénable *dans toutes ses parties* et ne pouvant
« par cette raison être engagée, il en résulterait
« que.... etc,... etc. »

Ainsi, les rédacteurs de la loi savaient que les
pays du midi de la France aimaient à couvrir
toute la dot, qu'elle fût mobilière ou immobilière, sous le principe protecteur de l'inaliénabilité, et, d'autre part, ils déclaraient d'une
manière formelle qu'ils ne prétendaient pas
introduire un régime dotal nouveau, mais seulement raviver dans le nouveau texte de loi la
vieille institution. — Ce sont là deux faits incontestables : sera-ce maintenant trop de har-
diesse d'en conclure que, dans leur intention,

(1) Fenet, p. 575.
(2) Id., p. 593.

le meuble dotal dut, comme par le passé, rester inaliénable aussi bien que l'immeuble dotal?

La dernière phrase qui clot la discussion du conseil d'Etat en est une dernière garantie. « Le conseil, nous dit Locré, adopte le principe « de l'inaliénabilité des *biens dotaux* (1). »

Toullier a voulu contester ce résultat. Champion ardent de l'inaliénabilité de la dot mobilière, il prétend même trouver dans les documents que nous fournit Locré des armes en faveur de son opinion (2). Mais, outre que les phrases qu'il cite n'ont pu être retrouvées par Tessier (3), et que pour notre part nous les avons également cherchées en vain, son annotateur, M. Duvergier, quoique partisan de sa doctrine, se voit forcé de convenir que, s'il y a une conclusion à tirer de la discussion devant le conseil d'Etat, elle est plutôt contraire que favorable à son opinion (4).

Ainsi, nous pouvons le répéter avec plus d'assurance, l'intention manifeste du législateur fut de reproduire le régime dotal tel que l'admettaient les provinces de droit écrit, c'est-à-dire

(1) Locré, t. 13, p. 206 et suiv.
(2) Toullier, l. 7, n. 184.
(3) Tessier, l. 1, note 499.
(4) Toullier, loc. cit., n. 184, note de M. Duvergier.

avec l'inaliénabilité de toute la dot. Et cependant, les conseillers chargés de mettre les termes de la loi en harmonie avec les idées qui venaient d'être adoptées, se contentent, sans discussion, d'inscrire cet article qui est devenu le 1554ᵉ du code : « Les immeubles constitués en dot ne « peuvent être ni aliénés ni hypothéqués pen- « dant le mariage, etc. »

Est-ce intention ? Est-ce erreur ou imprévoyance ? Est-ce seulement que le législateur voulut copier la loi Julia, pensant introduire ainsi toutes les conséquences que la pratique des tribunaux lui avait fait produire ? C'est ce qu'il est impossible de décider *à priori*. Quoi qu'il en soit, à partir de ce moment, tous les discours prononcés soit devant le Tribunat, soit devant le Corps législatif, se conformant aux termes définitifs du projet, ne parlent plus que de l'immeuble dotal.

C'est cette contradiction déplorable entre l'intention manifeste du législateur et les termes, malheureusement trop clairs, qui devaient l'exprimer, entre l'esprit et le texte de la loi, qui prolonge dans notre droit moderne cette question si longuement débattue dans notre ancien droit, mais que la jurisprudence avait fini par trancher. — Seulement, si la question est restée la même, les éléments de la discussion ont naturellement changé : ce n'est plus dans les lois romaines qu'il en faut chercher la solution, c'est d'après les idées admises par notre Code qu'il faut maintenant se demander si la dot constituée en meubles peut être aliénée.

61. — Avant tout, il est à propos de fixer l'étendue et l'intérêt de la question. On fait, en général, une distinction importante : on dit, s'il s'agit de meubles estimés, ou fongibles, ou destinés à être vendus, ou de billets au porteur, toutes choses dont la détention rend le mari propriétaire, il est évident qu'il n'y a rien à discuter. La dot, dans ce cas, est, de l'aveu de tous, aliénable, parce qu'il est incontestable que le propriétaire d'un objet en a la libre disposition. La question ne peut donc naître que lorsque la dot consiste en meubles dont la propriété reste à la femme, c'est-à-dire quand il n'y a pas eu estimation.

62. — Il nous semble plus vrai de dire qu'il y a toujours lieu à question, soit que la dot mobilière reste la propriété de la femme, soit qu'elle passe sous le domaine du mari. Suivant nous, on doit déclarer l'inaliénabilité dans les deux cas; seulement elle frappera des objets différents. Ainsi, si la dot n'a pas été estimée,

il est clair que ce qui est inaliénable, c'est précisément l'objet mobilier qui la compose. Dans le cas contraire, nous pensons, comme Toullier, que l'estimation a changé l'objet de la dot; ce qui est réellement dotal désormais, ce n'est plus le meuble estimé ou fongible, c'est, à proprement parler, la créance que la femme conserve pour obtenir sa restitution et l'hypothèque qui la garantit; et c'est aussi cette créance et cette hypothèque qui demeurent entre ses mains incessibles et inaliénables (1).

Il n'y a donc pas lieu à distinction. Il y a toujours dans la dot mobilière, de quelque manière qu'elle soit composée, quelque chose qui peut être inaliénable : dans un cas, l'objet même de la dot; dans l'autre, la créance et l'hypothèque qui assurent le droit de la femme.

63. — Nous avons dit, en commençant ce chapitre, que la prescription instantanée régissait les meubles dotaux comme tous les autres meubles. On conçoit que, dans bien des cas, cette règle coupera court à toute contestation, et que le tiers acquéreur de la dot mobilière n'aura qu'à prouver aux époux cherchant à la ressaisir, le fait de sa possession

_____

(1) Toullier, t. 7, n. 195.

pour en triompher. Ainsi, il arrivera si souvent
que le fait tranchera la question, que cela semble presque une anomalie de soutenir que le
meuble dotal est inaliénable, quand on reconnaît qu'il est prescriptible. — Mais il y a tant
de circonstances dans lesquelles on ne peut
invoquer la règle : en fait de meubles possession vaut titre, que ces deux principes peuvent fort bien, comme nous allons le montrer,
subsister à côté l'un de l'autre sans se détruire,
et que la question qui nous occupe reste néanmoins une des plus considérables de notre
droit.

Ainsi, les époux pourront réclamer contre
l'aliénation de leur dot mobilière, tant que cette
aliénation n'aura pas été suivie de tradition. Ils
pourront réclamer encore, même après la tradition faite, dans deux cas : 1° si la dot consiste en
créances, car la jurisprudence reconnaît que la
prescription instantanée de l'art. 2279 ne s'applique pas aux meubles incorporels; 2° si le tiers acquéreur n'est pas de bonne foi, car pour que la
prescription puisse être opposée, il faut qu'elle
repose non-seulement sur un juste titre, mais
encore sur la bonne foi, *justa causa et bona
fides.* Or, les tribunaux pourront toujours admettre les époux à prouver la mauvaise foi du
tiers, c'est-à-dire la connaissance où il était que le

meuble était dotal. 3° La contestation peut enfin se présenter sous une dernière forme, si c'est une obligation au lieu d'une aliénation que les époux ou l'un d'eux ont consentie, et que les créanciers se présentent pour saisir leurs meubles, sans tenir compte de leur caractère de dotalité.

On voit dès à présent, sur ces espèces, les conséquences des deux systèmes. — Décide-t-on que le meuble dotal est aliénable, et n'emprunte aucune règle spéciale à son caractère de dotalité? alors, s'il s'agit de meubles corporels non estimés, non-seulement le tiers acquéreur en est légitime propriétaire, avant toute tradition, mais ils sont saisissables par les créanciers pour exécution des obligations consenties par les époux; s'il s'agit au contraire de meubles incorporels, ou si la dot ne consiste (dans le cas de meubles estimés ou fongibles) que dans la créance hypothécaire qu'a la femme sur les biens de son mari, non-seulement toute cession ou transport est valable, mais même toute renonciation à cette hypothèque légale.

Décide-t-on au contraire que le meuble dotal doit participer à l'inaliénabilité qui garantit la conservation du fonds placé dans la même condition? alors, s'il s'agit de meubles corporels non estimés, les tiers ne peuvent résister à la demande des époux, qu'autant qu'ils sont en possession des objets acquis ; les créanciers ne peuvent les saisir ; et, s'il s'agit de créances, elles sont incessibles ; dans tous les cas, la femme ne peut, sous aucun prétexte, diminuer les garanties que la loi lui donne pour la sûreté de ses reprises.

On juge à de pareils effets de l'importance et de la gravité de la question dont nous entreprenons le débat.

64. — L'aliénation dont il s'agit de discuter la validité peut se présenter de différentes manières : elle peut avoir été faite soit par le mari seul, soit par la femme seule, soit par le concours de volonté des deux époux.

65. — Si elle a été faite par la femme seule, il n'y a pas de contestation possible. La nullité est flagrante, non pas à cause de la nature des biens aliénés, mais par suite de l'incapacité absolue de la femme mariée de contracter seule valablement, en aucune manière.

66. — Est-ce le mari qui seul a disposé du meuble dotal non estimé ? la nullité résulte encore, suivant nous (1), non pas de son carac-

_____

(1) Telle est aussi l'opinion de Dalloz, *contrat de mariage*,

tère de dotalité, mais de l'incapacité où se trouve le mari, simple administrateur de faire, un acte d'aliénation. *Nemo plus juris concedere potest quam ipse habet.* Nous avons essayé de démontrer plus haut, en effet, que le mari n'était propriétaire que des meubles estimés ou fongibles, et que les créances ou meubles corporels non estimés restaient dans le domaine de la femme. Or, n'ayant pas sur eux le droit de propriété, il est évident qu'il ne peut les transmettre (1).

67. — Mais s'il n'a pas le droit de disposer de la dot mobilière comme propriétaire, ne peut-il pas l'avoir comme administrateur? C'est au titre de la minorité de la tutelle et de l'émancipation que le Code développe, à propos du tuteur, les obligations et les droits de l'administrateur. Or, il est parfaitement clair pour tout le monde que si le tuteur a l'autorisation de conserver les meubles de son pupille en nature, il n'a pas la faculté de les aliéner (2). Le mari n'a donc pas ce droit à l'égard des meubles dotaux, si l'on consulte les principes généraux; et

t. 10, p. 348. — Tessier, t. 1, p. 330, note 541. — Toullier, t. 14, n. 103, 104 et 120.

(1) N. 16 et suiv.

(2) Marcadé, t. 2, p 257.

comme l'article 1549 ne contient aucune dérogation à cet égard, il reste dans la position d'un
simple administrateur, libre de faire tout acte
de conservation, mais incapable de consentir
aucun acte de disposition. On ne peut ici tirer
aucune conséquence de l'article 1421, qui donne
au mari, sous le régime de la communauté, le
droit d'aliéner et d'hypothéquer les biens com-
muns. S'il a cette faculté, c'est précisément
parce que la disposition spéciale de cet article
lui donne des pouvoirs plus étendus que ceux
d'un simple administrateur. Aucune exception
semblable ne se trouve dans le chapitre du régime dotal. L'article 1549, qui détaille avec tant
de soin les droits du mari, n'y comprend pas
celui d'aliéner, ainsi que nous l'avons déjà dit ;
son pouvoir, qui dépasse, sur certains points,
celui du simple administrateur, ne l'excède donc
pas sur celui-là, et il reste incapable, comme
lui, de disposer des meubles.

Quant aux meubles incorporels, créances,
actions, etc., nous ne croyons pas que son
droit soit plus étendu. Une loi du 24 mai 1806
autorise, en effet, le tuteur à transférer, de sa
seule autorité, les rentes sur l'État appartenant
au pupille, qui n'excèdent pas cinquante francs,
et un décret du 25 septembre 1812 contient une
disposition analogue à l'égard des actions de la

Banque de France. Or, ces décrets eussent été inutiles si la qualité d'administrateur eût suffi pour autoriser le tuteur à opérer des transferts. Mais nous ne pensons même pas que ces dispositions puissent s'appliquer au mari administrateur de la dot ; car la constitution d'une rente ou d'une créance comme dotale indique trop manifestement, de la part de la femme ou de sa famille, l'intention de la conserver, intention qui ne peut être constatée, au même degré, dans le cas de tutelle (1).

Cet avis est toutefois rejeté par un grand nombre d'auteurs qui, tout en se ralliant à l'opinion que nous avons émise plus haut, que le droit du mari n'est plus un droit de propriété, mais un droit *sui generis*, croient trouver dans les termes mêmes du Code la faculté pour le mari de disposer des créances dotales. Cette faculté leur semble résulter des articles 1549 et 1562. L'un, disent-ils, donne au mari le droit de recevoir le paiement des obligations, l'autre établit que la prescription court contre lui. Or, le paiement et la prescription (qui est une sorte de paiement) sont des actes de disposition ; car accepter le remboursement d'une créance ou la laisser prescrire, c'est l'aliéner ; or, si ces

_____

(1) Rodière et Pont, *contr. de mar.*, t. 2, n. 497.

deux modes d'aliénation sont possibles, ils entraînent la faculté pour le mari de consentir tous les autres actes de disposition. D'un autre côté, puisque l'article 1562 atteste que la prescription court, pendant le mariage, à l'égard des biens dont le mari a l'administration (1), c'est là une preuve nouvelle que ces biens sont aliénables. Le principe de l'imprescriptibilité est si étroitement lié, en effet, à celui de l'inaliénabilité, que si l'un des deux fait défaut, l'autre doit nécessairement cesser d'exister. Puisque le meuble dotal est prescriptible, il ne peut donc rester inaliénable, et c'est là la meilleure preuve que le régime matrimonial des époux ne soustrait pas les meubles à la circulation (2).

Nous répondrons d'abord à cette dernière objection, afin d'en débarrasser tout de suite le débat.

La logique et le texte de la loi nous semblent blessés à la fois par le raisonnement qu'elle contient : la logique, car il est toujours dangereux de conclure du fait au droit; et de ce qu'on respecte le fait de la prescription, qui fait sortir des mains du mari, violemment et malgré lui, ce qu'il voudrait retenir, ce n'est pas une

____

(1) Art. 2254.
(2) M. Troplong, n. 3233.

raison pour lui donner la faculté de s'en dessai-
sir à son gré ; — le texte de la loi ; car, d'un
côté, l'article 1564 oblige formellement le mari
ou ses héritiers à restituer la dot mobilière *elle-
même*, sans délai, à la dissolution du mariage, et
d'autre part, l'article 1561 nous montre deux cas
où l'inaliénabilité du fonds dotal subsiste, bien
que l'imprescriptibilité cesse. Ces deux cas sont :
1° celui où la prescription a commencé à courir
contre la femme avant le mariage ; 2° celui où
la séparation de biens est venue relâcher le
lien qui unissait les époux (1). Ainsi donc, un
bien peut être inaliénable quoique prescriptible,
la loi nous en fournit elle-même deux exemples,
et il n'y a aucune contradiction à soutenir que
le meuble dotal, tout en restant soumis à la
prescription, ne peut sortir des mains du mari
par l'effet d'aucun acte de disposition.

Et maintenant, quant aux conséquences qu'on
veut tirer des art. 1549 et 1562, nous les croyons
exagérées. Il est vrai que le paiement et la prescription sont des actes d'aliénation, puisqu'ils
font sortir la créance des mains du mari ; mais

(1) La jurisprudence reconnaît, en effet, que l'immeuble
reste inaliénable après la séparation de biens. (Cass. 19 août
1819, 7 novembre 1826, 18 mai 1830, etc.) Telle est aussi
l'avis des auteurs Zachariæ, Odier, Rodière et Pont, etc. Voir
pourtant Toullier, t. 14.

faut-il en conclure nécessairement que la compensation, la cession, la remise de cette créance
soient autorisées au même degré? Nous ne le
pensons pas ; il y a en effet, entre ces divers actes, une différence capitale : c'est que ceux que
permet la loi sont des faits dont l'évènement est
parfaitement indépendant de la volonté du
mari, tandis que les autres sont, au contraire, des
actes purement facultatifs de sa part. La loi ne
pouvait sans doute défendre le remboursement
des deniers dotaux, car elle ne peut empêcher
un débiteur de se libérer quand l'époque du
paiement arrive, et, si elle le permettait, il ne
pouvait avoir lieu qu'entre les mains du mari,
revêtu sous le régime dotal du droit d'exercer
les poursuites. Elle ne pouvait non plus rendre
les créances imprescriptibles comme l'immeuble
dotal, car le temps nécessaire pour leur prescription étant beaucoup plus court, et leur circulation présentant de beaucoup plus grandes
facilités, la revendication accordée à la femme
aurait soulevé le plus souvent des conflits d'intérêts inextricables, et l'ordre public était inté-
ressé à les éviter. Le législateur devait donc consacrer et l'aliénation des créances par le paiement, et leur aliénation par la prescription; mais
tout en permettant ces deux modes de disposition, il pouvait parfaitement prohiber tous les

autres. La reconnaissance des faits étrangers à
la volonté du mari, qui viennent violemment lui
enlever la propriété des créances dotales, ne
peut impliquer la reconnaissance des actes par
lesquels il s'en dépouillerait lui-même. Ce sont
là deux idées étrangères : admettre l'une et repousser l'autre, c'était ménager l'intérêt, disons
plus, les droits des tiers, et en même temps rester fidèle au principe fondamental et conservateur du régime dotal, la protection de la dot;
c'était consacrer une règle qui garantissait la
femme, mais refusait d'opprimer les tiers. —
C'est ce que notre Code a fait. En mention-
nant expressément le droit pour le mari de recevoir le paiement des créances dotales (art.
1549), et en se taisant à l'égard de la faculté d'en
disposer par l'effet de la compensation, de la
cession, de la remise, etc., il nous paraît avoir
prohibé tout acte volontaire de disposition par
le mari. Son silence a la force d'une exclusion
formelle; il a voulu que le mari fût impuissant
à diminuer la dot par son fait; ne se contentant
pas d'assurer le droit de restitution de la femme
par la concession d'une hypothèque légale, in-
cessible et insaisissable (puisque, comme droit
immobilier, elle rentre sous la règle de l'art.
1554) (1), il a pensé que le meilleur moyen d'ob-

(1) M. Troplong, t 4, n. 3205.

— 133 —

tenir la restitution complète, n'était pas de con-
solider le droit de la femme, mais de diminuer
celui du mari, et de prendre des garanties contre son insolvabilité.

Ces idées semblent plus vraies, quand on
cherche sur ce point l'histoire des progrès de
la législation. Nous avons vu plus haut que le
droit romain accordait au mari, comme conséquence de son droit de propriété, la disposition
absolue des créances dotales sans condition.
Nous avons montré aussi comment ce droit s'é-
tait amoindri peu à peu par les tempéraments
qu'y apportaient les parlements, et l'on se souvient sans doute qu'une des innovations qu'ils
admettaient à la loi romaine, était relative précisément à la disposition des créances dotales.
Duperrier et son annotateur (1) attestent que,
contrairement à la loi écrite, on accordait à la
femme la revendication si le mari qui avait com-
pensé ou laissé prescrire la créance dotale n'é-
tait pas solvable. — Notre Code a soin de détruire cette règle à l'égard de la prescription. Il
est muet en ce qui concerne la compensation.
En faut-il conclure qu'il remonte la chaîne du
passé et retourne à la loi romaine ? Non, mais
bien plutôt, suivant nous, qu'il fait un pas de
plus dans la voie indiquée déjà par Duperrier, et

(1) Duperrier, I, 3, qu. 5.

qu'il restreint encore le pouvoir du mari, en lui ôtant la faculté de disposer volontairement des créances dotales de quelque manière que ce soit.

Si donc le mari ne peut aliéner les meubles en général, comme propriétaire, nous ne pensons pas qu'il puise dans son droit d'administration la faculté d'aliéner les créances en particulier (1).

Ainsi, soit que l'aliénation soit faite par la femme seule, soit qu'elle soit consentie par le mari seul, elle est nulle pour cause d'incapacité du disposant.

68. — Il nous reste à examiner la dernière forme sous laquelle l'aliénation du meuble dotal peut se présenter; les deux époux ont donné leur consentement à l'acte. Ici, il ne s'agit plus, pour juger sa validité, de vider une question de capacité. Il est évident que les deux époux réunissant entre eux et le droit d'administration et le droit de propriété, sont parfaitement capables de disposer. La validité de l'acte dépend uniquement du caractère de l'objet aliéné. N'est-il rien de plus qu'un meuble ordinaire?

(1) Contrà, C. de cass., 12 août 1846, 29 août 1848. (Voir plus haut, n. 24.)

l'acte est valable ; emprunte-t-il au contraire à
son caractère de dotalité une nature spéciale,
qui le soumet, comme le fonds dotal, à l'immobilité ? l'acte est nul.

69. — Nous l'avons déjà dit, la doctrine et la
jurisprudence sont en guerre ouverte sur cette
grave question, comme le texte de la loi et l'esprit du législateur semblent également s'y heur-
ter. Nous reconnaissons que la doctrine paraît
s'appuyer sur des articles précis, et cependant
nous croyons devoir adopter contre elle l'opinion de la jurisprudence, comme plus conforme aux principes et à l'utilité publique.

Luttant contre des textes dont on exagère
l'évidence, notre premier soin sera naturellement d'en restreindre la portée, de leur opposer
d'autres textes contradictoires, et, si nous
n'avons pas la prétention de nous rendre la loi
favorable, nous essaierons au moins de gagner
sa neutralité ; puis, quand nous aurons prouvé
qu'à la place des règles précises qu'on invoque,
il n'y a au contraire qu'incertitude et obscurité
dans le texte du Code, et que nous aurons ou-
vert ainsi le champ libre aux suppositions,
nous recomposerons la loi d'après les principes
certains et les notions incontestables du régime
dotal ; nous terminerons enfin cette discussion

en montrant la supériorité pratique de notre opinion.

70.—C'est l'article 1554 qui paraît être le grave écueil où viendrait se briser notre système. C'est sur lui que repose toute l'argumentation des partisans de l'aliénabilité des meubles dotaux. Ces termes, disent-ils, ne peuvent laisser de doute. Comme la loi romaine, ils n'appliquent l'inaliénabilité qu'aux immeubles dotaux, et, par cette désignation limitative, ils excluent les meubles de ce principe. Cela devient encore plus évident, quand on se souvient que le Conseil d'Etat avait d'abord supprimé entièrement l'inaliénabilité dans le régime dotal, et que ce ne fut que par concession qu'il consentit à la maintenir, mais à l'égard des immeubles seulement. La certitude des termes de l'article 1554 est d'ailleurs confirmée par la rubrique de la section : *Des droits du mari et de l'inaliénabilité du fonds dotal,* et par la série d'articles dans lesquels le législateur a exposé les seules exceptions que puisse tolérer la règle de l'article 1554. Les articles 1557, 1558, 1559 et 1560 ne parlent, en effet, que de l'immeuble dotal. Il n'est donc pas question des meubles. Ils sont tacitement exclus de la règle d'inaliénabilité; et cette exclusion tacite a ici toute la force d'une exclusion expresse. — Qu'on se souvienne, en effet, des principes fondamentaux que pose notre code en matière de vente. Tout y est fait de manière à favoriser et à développer la transmission libre des biens ; rien de ce qui est dans le commerce ne peut être retiré de la circulation, sans une exception formelle de la loi (1). Une autre disposition est encore plus énergique : tous ceux à qui la loi ne l'interdit pas peuvent acheter ou vendre (2). Ainsi, pour que la femme ne pût, avec le consentement de son mari, aliéner sa dot mobilière, il faudrait, ou qu'une loi expresse la mit en dehors du mouvement ordinaire des biens, ou qu'une disposition formelle déclarât la femme incapable de l'aliéner. Or, les articles 217 et 1124 combinés nous apprennent que la femme mariée, dûment autorisée, est capable de faire tous les contrats que la loi ne lui interdit pas positivement, et l'article 1125 ne lui reconnaît la faculté d'attaquer ses propres actes que dans les cas prévus par la loi. Aucune disposition du code n'interdit à la femme d'aliéner sa dot mobilière, aucune ne lui permet d'attaquer l'aliénation qu'elle en a

(1) Art. 1598.
(2) Art. 1594.

pu faire ; une pareille prohibition et une pareille faculté ne se trouvent accordées à la femme dans le régime de la dotalité, qu'à l'égard du fonds dotal (1), et elles créent, dans ce cas, une situation trop anormale, pour qu'elle soit susceptible d'extension, *odiosa sunt restringenda ;* les meubles dotaux doivent donc rester aliénables (2). Un arrêt de Lyon, du 16 juillet 1840, développe admirablement tous ces moyens (3).

71. — Voilà l'objection ; elle est de nature à mériter toute notre attention. La logique de ses déductions n'est pas douteuse, mais c'est leur point de départ que nous voulons attaquer.

Elles reposent, en effet, tout entières sur cette idée, que l'inaliénabilité étant une exception, bien plus, une contradiction des règles fondamentales du droit actuel, elle doit, pour être appliquée à une nature de biens, être formellement ordonnée par la loi ; que l'esprit du Code étant de détruire ces anciennes règles ennemies du mouvement qui retenaient forcé-

(1) Art. 1554 et 1560.
(2) Toullier, t. 7, nos 177 et suiv., 183 et suiv. — Odier, *contr. de mar.*, t. 3, no 1238 et suiv. Duranton, t. XV, no 542. M. Troplong, *contr. de mar.*, t. IV, no 3225.
(3) Sirey, 1841, II, 241.

ment les biens dans la famille, et de pousser le
plus possible à leur circulation, l'inaliénabilité
n'est qu'une règle de tolérance, et que dès lors
moins on lui donne, plus on est sûr de se rapprocher de l'esprit de notre législation, *odiosa
sunt restringenda*. Sans aucun doute, une pareille idée est juste, en thèse générale ; quand
une disposition de loi vient retirer de la circulation des objets déterminés, dans des cas spé-
ciaux, il est évident qu'il faut restreindre l'exception à ces seuls cas, et, s'il y a doute sur
quelques points, résoudre ces doutes dans le
sens de la liberté de circulation, *favores am-
pliandi*. Mais nous croyons qu'il n'en peut pas
être ainsi à l'égard du régime dotal. — Le régime dotal n'est pas en effet, qu'on le remarque
bien, une exception à telle ou telle règle posée
dans notre loi civile; il est à lui seul un tout,
qui a lui-même et ses règles et ses exceptions
bien caractérisées, et surtout bien différentes
de celles du droit commun; c'est une législation
à part, avec ses principes tranchés et originaux;
le régime dotal est, pour ainsi dire, au milieu
du Code, comme une enclave qui ne reconnaît
pas sa domination, mais se gouverne par ses
propres lois; c'est un étranger, qui n'a de commun avec les autres matières du droit que la
place qu'il occupe dans notre corps de lois; car

il ne s'y est introduit qu'avec sa législation personnelle et spéciale. — Il faut donc, lorsqu'on
entre dans son domaine, abandonner toutes les
idées étrangères, et surtout se garder, ce qui
serait un grave contre-sens, d'interpréter ses
règles, qui s'écartent franchement du droit commun, par les principes dont elles sont la dérogation. — Pour savoir, en réalité, ce qui doit
être étendu et ce qui doit être restreint dans le
régime dotal, il faut donc l'étudier en lui-même,
rechercher quelle est l'idée dominante qui a
inspiré son institution, quel est le principe
fondamental dans lequel elle se généralise;
et cette idée et ce principe une fois trouvés,
on sera sûr de se conformer à l'esprit du législateur en dirigeant l'interprétation de questions douteuses de cette matière, dans le sens
de l'extension de ce principe. Il est facile à dis-
cerner: c'est dans l'avantage que les époux
trouvent dans un régime matrimonial, qu'il
faut chercher son caractère saillant; or, tandis que le régime de la communauté place
cet avantage dans le mélange de la fortune des
époux, et dans les chances de gain qui en peuvent résulter, le régime dotal le met dans la sécurité de la dot et dans sa conservation. La conservation et la sécurité de la dot, voilà donc
le principe fondamental; l'inaliénabilité qui as-

sure ce principe n'est donc pas dans le régime
dotal une exception odieuse (*odiosa*), elle est,
bien au contraire, la règle générale, la loi essen-
tielle. Ainsi tout se trouve renversé : tandis que,
suivant le droit commun, la liberté des biens
est le principe, et leur immobilité l'exception,
ici, au contraire, l'immobilité est la règle, et la
liberté l'exception ; cette opposition dans les
règles n'est que la conséquence nécessaire de
l'opposition des principes qui en sont la source.
Et puisqu'il en est ainsi, nous sommes conduits
naturellement à conclure que, tandis qu'en
toute autre matière du droit le doute doit s'interpréter dans le sens de la liberté de circulation, il doit s'interpréter, sous le régime dotal,
dans le sens opposé, c'est-à-dire dans celui de
l'inaliénabilité. Sous ce régime, en effet, c'est
l'inaliénabilité qui est de faveur, *favores am-
pliandi.*

72. — Mais ici se présente encore l'art. 1554.
Ses termes limitativement conçus ne nous em-
pêcheront-ils pas de suivre la direction que nous
venons d'indiquer ? Non, car deux choses nous
prouvent que sa rédaction n'a pas rendu complètement la pensée du législateur, et que dès
lors on ne doit pas y attacher une grande importance. C'est d'abord la contradiction qui

existe entre les termes de cet article et ceux
de plusieurs autres que nous allons citer, et
ensuite l'examen des procès-verbaux du Conseil d'Etat.

Quant aux textes, l'art. 1541 ne dit-il pas que
tout ce qui est constitué en dot est *dotal* s'il n'y
a stipulation contraire. Or, puisque le caractère
fondamental du régime dotal est d'assurer la
conservation des biens donnés à la femme ou
apportés par elle, par le moyen de l'inaliénabilité, n'est-ce pas dire très-clairement que tout
ce qui est constitué en dot est inaliénable (1)?
Mais, nous dit-on, ce n'est pas là une conséquence nécessaire, car l'inaliénabilité n'est pas
de l'essence du régime dotal, et il peut y avoir,
comme le prouve l'art. 1557, des choses qui,
tout en restant dotales, soient susceptibles
d'être aliénées (2). — Nous croyons, au contraire, que l'inaliénabilité est l'essence même
du régime dotal (3). Il peut arriver, il est vrai,
dans certains cas, que l'objet constitué en dot
puisse être aliéné, mais l'inaliénabilité n'en sub-

(1) Grenier, *hypothèques*, t. I, p. 60. Arrêt de Cass., 1er février 1819 (Sirey, 19, I, 146).

(2) Arrêt de Lyon, 16 juillet 1840 (Sirey, 41, II, 211). Toullier, t. 7, no 183).

(3) Arrêt de Cass. du 1er février 1819 précité.

siste pas moins; seulement elle est déplacée, et, au lieu de porter sur l'objet même de la dot, elle porte sur la créance qu'a la femme pour rentrer dans ses droits. Mais alors même qu'on n'admet pas cette opinion, l'objection doit être réputée sans valeur. Il est facile de voir, en effet, que l'art. 1541 ne parle précisément que des cas où le régime dotal est adopté dans toute sa pureté, sans modifications apportées par des conventions particulières ; or, dans ce cas, l'inaliénabilité existe nécessairement, et *dotal*, dès lors, a le même sens qu'inaliénable. Ce qui prouve ce que nous avançons d'une manière péremptoire, c'est l'addition des mots s'*il n'y a stipulation contraire*, qui ont pour but d'exclure précisément le cas où le régime dotal est modifié par les parties. — Le sens du mot dotal nous semble donc ici bien précis; il le devient davantage encore quand on remarque qu'il a nécessairement la signification que nous lui attribuons ici, dans tous les articles suivants.

Lorsque l'art. 1553 déclare que l'immeuble acquis des deniers dotaux n'est pas *dotal*, et qu'il en est de même de l'immeuble donné en paiement de la dot constituée en argent, tous les auteurs ne sont-ils pas d'accord sur la signification du mot dotal? Le sens incontestable de l'article 1553 n'est-il pas que l'immeuble, dans ces deux cas, n'est pas inaliénable? Quand l'art. 1559, qui autorise l'échange de l'immeuble dotal, ajoute que « l'immeuble reçu en échange sera *dotal*, » qu'est-ce à dire autre chose, de l'aveu de tous, sinon qu'il devient inaliénable comme le fonds dont il prend la place? Le sens du mot dotal n'est-il pas encore le même dans les art. 1556, 1557, 1558, 1559 et autres encore? Il n'y a donc point de doute possible à cet égard, la règle de l'art. 1541 est assez expliquée par tous ces rapprochements. Tout ce qui est constitué en dot est inaliénable, et cet article à lui seul suffirait pour réfuter les conséquences que l'on prétend tirer des termes limitatifs de l'art. 1554.

73. — Mais il n'est pas le seul sur lequel se fonde la théorie de l'inaliénabilité de la dot mobilière. Si, en effet, les art. 1557 et suivants paraissent exclusifs, les art. 1555 et 1556 sont généraux. La femme peut, disent-ils, donner *ses biens dotaux* par exception pour l'établissement de ses enfants ; d'où la conséquence que ces mêmes biens dotaux, ce qui comprend à la fois la dot mobilière et la dot immobilière, sont, en principe général, indisponibles.

74. — Un autre argument se tire de la com-

binaison des art. 83, 1003 et 1004 du Code de procédure civile. L'art. 83, en effet, range parmi les causes qui doivent être communiquées au ministère public toutes celles qui intéressent la dot, même si la femme a été autorisée par son mari à ester en justice. Puis, l'art. 1004 déclare qu'on ne peut compromettre sur aucune des contestations qui seraient sujettes à communication au ministère public. Or, comme l'art. 1003 a posé en principe qu'on peut compromettre sur tous les droits dont on a la libre disposition, il résulte du rapprochement de ces trois articles cette double conséquence : 1° que toutes les contestations relatives à la dot, intentées ou soutenues par la femme, même autorisée de son mari, ne peuvent se terminer par compromis (art. 1004); et 2° que si elles ne sont pas susceptibles d'être soumises à l'arbitrage, c'est parce qu'elles portent sur des droits dont la femme n'a pas la libre disposition (1).

75. — Vient enfin l'art. 7 du Code de commerce, qui, après avoir posé en principe que les femmes marchandes publiques peuvent aliéner même leurs immeubles, ajoute : « Tou- « tefois, *leurs biens stipulés dotaux*, quand elles

_____

(1) Boileux, t. 3, sous l'art. 1554.

« sont mariées sous le régime dotal, ne peu-
« vent être hypothéqués ni aliénés que dans
« les cas déterminés et avec les formes réglées
« par le Code civil. » Qu'on remarque ces mots
les biens dotaux, venant après une phrase où il
est d'abord uniquement question des immeubles. Ce changement de locution du commencement à la fin du même article, n'est-il pas d'une
signification toute particulière? N'en résulte-t-
il pas clairement que les rédacteurs du Code de
commerce ne considéraient pas l'art. 1554
comme limitatif (1)?

76. — Mais ce qui est plus concluant encore
que tous ces textes, ce sont les documents que
nous fournit la discussion de la loi devant le
conseil d'Etat. Nous les avons déjà dépouillés
avec soin plus haut et, par des citations exactes,
nous en avons fait jaillir cette vérité incontestable, que l'intention formelle des législateurs
avait été d'accorder aux sollicitations des provinces du Midi le régime dotal tel qu'elles le
pratiquaient (2). Or, on s'en souvient, la dot
mobilière y était couverte de la même protec-

(1) M. Pont, *Journ. du Pal.*, 1852, II, 522.
(2) Paroles de Cambacérès, discours de Duveyrier.
(Locré, t. 13, p. 208 et 323.)

tion que la dot immobilière ; c'est donc avec
ce même caractère que le dessein des législateurs a été de le conserver dans notre droit,
et c'est un nouveau motif pour ne pas ajouter
une foi absolue à l'art. 1554, et surtout pour ne
pas attribuer à ses termes une vertu restrictive.

77. — Mais si le dessein d'étendre l'inaliénabilité jusqu'aux meubles dotaux nous paraît
avoir été fermement arrêté lors de la discussion
de la loi, et si nous croyons le trouver clairement, quoique implicitement exprimé dans les
articles 1541, 1555 et 1556, il n'en est pas moins
vrai que les termes de l'article 1554 paraissent
inexplicables. Les auteurs qui défendent notre
opinion, et les tribunaux cherchent cependant
à concilier cette incohérence des textes. Suivant la Cour de cassation, l'article 1554 ne parle
que des immeubles, parce que : « le mari étant
« seul maître de la dot mobilière, dont il a la pro-
« priété ou la libre possession, lui seul peut en
« avoir la disposition, et qu'ainsi, sous ce rap-
« port, la femme se trouvant dans l'heureuse
« impossibilité d'aliéner elle-même directement
« ses meubles ou deniers dotaux, il était inu-
« tile de lui en interdire l'aliénation (1). » Nous

(1) Même arrêt, 1er février 1819.

ne pouvons, pour notre part, admettre cette explication, puisqu'elle repose sur le droit de propriété que la Cour souveraine donne au mari sur les meubles dotaux, droit que nous avons refusé plus haut de reconnaitre.—Suivant Grenier, il est naturel que l'article 1554 s'occupant de la faculté d'aliéner et *d'hypothéquer* (1), laquelle s'applique principalement aux immeubles, ne fasse pas mention des meubles. — D'autres auteurs expliquent enfin cette exclusion, en disant que la prohibition d'aliéner aurait été inefficace à l'égard du mobilier, les tiers acquéreurs se trouvant placés sous la protection de la maxime, qu'en fait de meubles possession vaut titre (2). Toutes ces versions sont ingénieuses sans doute, mais nous préférons voir dans l'article 1554 une omission involontaire, plutôt qu'une exclusion réfléchie, fût-elle même basée sur les motifs que nous venons d'exposer. Les conseillers d'État chargés de corriger le texte de la loi dont on avait retranché d'abord le principe d'inaliénabilité, et de reproduire dans la nouvelle rédaction les règles en vigueur dans nos pays de droit écrit, crurent sans doute que le meilleur moyen d'assurer tous leurs effets était de copier

(1) Grenier, *hypothèques*, t. 1, n. 34, p. 60.
(2) Voir Zachariæ, t. 3, p. 592, note 69.

la loi même qui régissait ces pays ; cette loi était la loi Julia corrigée par Justinien ; ils la prirent donc et la reproduisirent dans l'article 1554. Mais le moyen était insuffisant, et en cela ils se trompèrent. L'inaliénabilité absolue, telle qu'elle existait dans les provinces du midi, résultait en effet, non plus de la loi écrite, mais des usages de la jurisprudence ; la loi romaine seule étant reproduite, il arriva que les termes de la loi nouvelle ne furent pas en rapport avec les effets qu'on voulait leur faire produire, et voilà sans doute comment il se fait que, voulant consacrer l'inaliénabilité absolue, le conseil d'État ne vota en définitive que l'inaliénabilité des immeubles.

78. — Quoi qu'il en soit du reste, et alors même qu'on repousserait toutes ces explications, il n'en reste pas moins acquis au débat que les termes de l'article 1554 sont en contradiction formelle avec les dispositions des articles 1541, 1555, 1556 du C. civ., 83, 1003 et 1004 combinés du C. de proc., et 7 du C. de com. Les textes de loi sont donc loin de présenter cette clarté qu'y trouvent nos adversaires. Nous n'y voyons au contraire qu'incertitude et qu'obscurité. Hâtons-nous donc de sortir de ce chaos : puisque la loi est inconciliable dans ses dispositions, regardons-la comme muette, et félicitons-

nous de ce que sa confusion nous fournit une fois au moins l'occasion de quitter un moment les subtilités du commentateur. Fermons la loi puisqu'elle ne peut nous donner que des doutes, et, comme faisaient autrefois nos parlements, cherchons plutôt les éléments de notre conviction dans l'examen des principes généraux, des besoins du temps, des intérêts des parties et de l'utilité publique. Asseyons-nous, pour nous servir d'une métaphore, sous le chêne de Saint Louis, et, sans souci de textes incertains ou contradictoires, cherchons, comme lui, à rendre la justice en suivant les seules inspirations du bon sens et de la raison naturelle.

79. — La première idée qui se présente à l'esprit, est qu'il faut interroger la législation antérieure ; car lorsqu'une loi ne rompt pas brusquement et expressément la chaîne des traditions, elle est présumée la continuer. Or, on sait ce qu'était sur cette question la jurisprudence de nos parlements ; Henrys, Bretonnier, Expilly, Julien, Salviat (1) attestent que dans les ressorts de Paris, Grenoble, Aix et Bordeaux, la dot mobilière ne pouvait pas plus

(1) Henrys, t. 2, qu. 8 et 141 ; Bretonnier sur Henrys, idem ; Expilly, chap. 123 ; Julien, *Éléments de jurisprudence*, p. 57, n. 28 ; Salviat, t. 1, p. 105, 200 et 457.

être aliénée ou engagée que la dot immobilière. Voilà les traditions du passé, et l'on doit se sentir d'autant plus disposé à les suivre, que la jurisprudence de nos parlements paraît mériter ici plus de confiance encore qu'à l'ordinaire. Ce n'était pas, en effet, par suite d'une erreur d'interprétation de la loi romaine (tous les glossateurs avaient depuis longtemps fait ressortir sa clarté sur ce point), c'était de propos délibéré que les parlements avaient admis l'opinion de l'inaliénabilité des meubles, comme une innovation nécessaire. Il avait fallu une lutte longue et constante pour en arriver là (1) ; car non-seulement les textes romains étaient contraires, mais encore la règle de droit coutumier, *res mobilis, res vilis,* avait pénétré, du moins en esprit, dans les pays de droit écrit, et la défaveur qu'elle jetait sur les meubles s'accordait parfaitement avec les termes de la loi Julia, pour laisser la dot mobilière dans l'état d'oubli et de dédain où elle était reléguée. Néanmoins, les parlements attaquèrent et le texte légal et la maxime coutumière, et la considération dont jouissaient l'un et l'autre témoigne de la puissance des motifs qu'il fallut à la juris-

(1) Témoin ce qui se passa dans les provinces des Lyonnais, Forez, Beaujolais et Mâconnais, avant l'édit de 1664. (Voir plus haut, n° 46.)

prudence pour s'en écarter sur ce point.

Nous avons déjà exposé la plupart de ces motifs. Le plus important était fondé sur le développement immense que prenait de jour en jour la fortune mobilière, et sur cet usage devenu général, au rapport d'Henrys, de faire renoncer les filles à la succession de leurs parents, moyennant indemnité, par leur contrat de mariage. Ces deux causes avaient introduit un changement radical dans la manière dont la dot était constituée. Au lieu de consister en fonds de terre, comme il arrivait le plus généralement sous le droit romain, elle n'était plus composée, le plus souvent, qu'en deniers ou autres valeurs mobilières. Il en résultait que la loi romaine ne protégeant que le fonds dotal, la conservation de la dot, maintenant qu'elle avait changé de nature, se trouvait gravement compromise. Les parlements furent frappés de cette situation; ils pensèrent qu'on ne pouvait supporter cet état de choses, qui faisait du système dotal, système de protection et de garantie pour la femme par excellence, un régime moins favorable et plus aléatoire que la communauté même. Car dans la communauté, si la femme perd l'assurance de voir sa dot rester intacte, elle y trouve une compensation du moins dans le partage, à la dissolution du mariage, des

bénéfices que l'emploi de ses capitaux a pu produire, tandis que dans la situation qui se pré-
sentait, elle voyait le mari exposer sa dot et la
compromettre, sans avoir même l'espérance
d'être associée à ses gains possibles, le régime
dotal ne lui accordant, à la fin du mariage, que
la faculté de retirer son apport. Ainsi, en se
mariant sous le régime dotal, la femme avait
dû compter sur la conservation de l'intégrité
de sa dot, et cette conservation n'était plus
assurée ; bien plus, ses biens étaient exposés à
tout moment à des chances de perte qui n'é-
taient compensées par aucune chance de gain.
En réalité, il n'y avait plus de régime dotal, si
la dot était mobilière. Les parlements sen-
tirent l'injustice de ce résultat, et c'est pour
mettre ce régime en rapport avec les besoins
du temps, qu'ils étendirent le principe d'inaliénabilité jusqu'aux meubles dotaux.

80. — Ces mêmes motifs se présentent avec
plus de force encore sous notre code, pour plusieurs raisons.

81.—La fortune mobilière d'abord a pris sans
contredit un plus grand développement encore,
et à ce titre elle mérite les mêmes protections
dont l'ancien droit jugeait à propos déjà de l'en-

tourer. Ne sent-on pas même que c'est surtout
la dot mobilière qui a besoin d'être couverte de
pareilles garanties, car c'est elle qui est surtout
susceptible de se perdre? et de même que le
droit se montrait à l'origine plus sévère à l'é-
gard de l'hypothèque du fonds dotal qu'à l'égard
de son aliénation, parce que les époux devaient
être naturellement plus enclins à consentir l'une
que l'autre, toute bonne législation ne doit-elle
pas, par le même principe, prohiber surtout
l'aliénation des meubles dotaux, parce qu'étant
de leur nature plus mobiles pour ainsi dire, et
plus susceptibles d'aliénations promptes et ir-
réfléchies, les époux doivent se sentir entraînés
avec plus de facilité à s'en dépouiller? N'est-ce
pas là, où le courant est le plus rapide et le
plus dangereux, qu'il faut opposer la plus forte
digue?

82. — Une autre raison, qui, à elle seule, devrait suffire pour faire adopter sans discussion la
doctrine des parlements, c'est que maintenant
le régime dotal n'est plus, comme autrefois
dans les pays de droit écrit, le droit commun en
matière de conventions matrimoniales. Établi
dans notre droit à côté du régime de communauté dont l'importance a prévalu, comme un
de ces systèmes facultatifs que le consentement

mutuel des parties peut adopter de préférence à la communauté, le régime dotal a changé de caractère. Tandis que ses dispositions austères créaient autrefois un système de protection général à toutes les femmes; aujourd'hui que les formes plus douces de la communauté ont prévalu, il ne faut plus voir dans le régime dotal qu'un système de défiance. Si la femme, en effet, se dérobe au droit commun et déclare expressément, car une déclaration expresse est nécessaire (1), qu'elle veut que ses biens soient soumis aux règles de la dotalité, que peut-on en conclure, sinon qu'elle craint pour l'avenir de sa dot et que, défiante de la solvabilité future de son mari, elle cherche un régime qui lui assure au moins la conservation de ce qu'elle apporte? Or, si le régime dotal s'est ainsi transformé, s'il est devenu un régime de défiance que la femme choisit comme un refuge contre l'administration de son mari, ne faut-il pas assurer à ce régime toute la sévérité et toutes les garanties possibles?

Ainsi, les meubles dotaux doivent être, suivant nous, inaliénables, et parce que la fortune mobilière, par son développement progressif, a atteint une importance au moins égale à la fortune immobilière et mérite, dès lors, d'être

(1) Art. 1392, Code civil.

protégée à son égal, et parce que le régime dotal étant devenu, par le droit d'option que le Code laisse aux époux, un régime de défiance, on ne saurait le rendre trop sévère dans ses dispositions.

83. — Abandonnons maintenant notre système aux attaques dont il est l'objet.

84. — Outre qu'on le représente comme inconciliable avec le texte de la loi, on lui fait deux reproches fondamentaux : le premier, c'est d'être contraire à l'intérêt public, car il importe à l'État d'assurer le crédit, d'ouvrir des facilités nouvelles au commerce, et l'inaliénabilité ainsi entendue soustrairait des valeurs considérables à la circulation ; le second, c'est d'être contraire, en même temps, à l'intérêt des époux, car l'impossibilité d'aliéner des meubles sera souvent cause de leur dépérissement et même de leur perte.

Quant aux termes de la loi, nous avons essayé de démontrer plus haut qu'ils ne pouvaient s'opposer à notre doctrine ; sans prolonger encore la discussion sur ce point, alors même qu'on les y reconnaîtrait manifestement contraires, nous dirons, comme Tessier (1) : « Qu'il

(1) Tessier, t. 1, n. 58, note 499.

« ne faut pas être esclave de la lettre, et qu'on
« ne laisse pas de contrevenir à la loi, pour en
« suivre la lettre, si l'on agit contre son es-
« prit; » ou bien comme M. Troplong (dans
une autre circonstance toutefois) (1) : « la lettre
« tue, et l'esprit vivifie. »

85. — A l'égard des deux autres objections,
que nous considérons comme plus sérieuses,
nous y répondrons en montrant que l'inaliénabilité des meubles dotaux est à la fois conforme
à l'utilité générale et à l'intérêt, bien plus, à la
volonté manifeste des parties.

Il est vrai, sans doute, que la vieille règle,
*interest reipublicæ mulieres dotes salvas ha-
bere* (2), n'a plus d'objet dans le droit nouveau,
car elle avait été formulée au point de vue de
l'utilité qui résultait pour l'état des secondes noces, et l'on sait que maintenant les secondes
noces sont vues plutôt défavorablement par la
loi; il est vrai encore que l'intérêt de l'État est
engagé à ce que les éléments du crédit se multiplient, et, sous ce rapport, l'esprit de liberté,
qui laisse les biens dans la circulation, est plus
favorable au développement du commerce et

(1) M. Troplong, à propos de l'hypothèque légale de la
femme.

(2) Paul, L. 2, D., *de jure dotium.*

de l'industrie que le principe d'inaliénabilité. Mais si les institutions, qui augmentent le crédit et multiplient la richesse dans l'État, sont respectables, celles qui assurent des moyens d'existence à chaque citoyen ne concourent-elles pas autant, pour le moins, à l'intérêt public? Or, si le principe d'inaliénabilité ne permet pas aux époux de faire fructifier leurs capitaux en les transformant, il les garantit, du moins, des éventualités malheureuses si fréquentes dans les affaires, et, à la fois, assure par la conservation du ca, al de la dot l'avenir de la femme, et sauve par la conservation de ses fruits le mari lui-même, en cas de perte de sa propre fortune, des embarras de la misère. Le régime dotal entendu dans le sens le plus rigoureux est le seul en outre qui donne cet avantage, d'offrir des ressources certaines aux enfants nés du mariage conclu sous ses auspices. Et puisqu'il a ce triple effet de mettre dans la famille une réserve qui brave les prodigalités ou les imprudences et écarte toute crainte de l'avenir du mari, de la femme et des enfants, qu'on ne dise pas qu'il est hostile à l'intérêt public. L'inaliénabilité absolue est au contraire une institution précieuse pour l'état, car elle diminue la classe de ces gens dont la misère lui est onéreuse sous deux rapports, suivant l'expression de

Montesquieu, « parce qu'ils ne paient pas les
« charges de la société et qu'ils sont au con-
« traire eux-mêmes les charges de la société (1).»
C'est dans ce sens que le principe que nous défendons nous paraît conforme à l'utilité publique, et qu'on peut ressusciter le vieil adage du
droit romain, *interest reipublicæ mulieres dotes
salvas habere*

86. — Mais ce n'est pas par des considéra-
tions d'intérêt public que de pareilles questions
doivent se décider. En matière de conventions
matrimoniales, où tout est facultatif et régi par
les conventions des parties, la meilleure règle
assurément pour interpréter l'incertitude de la
loi, est de remonter à l'intention des époux, et
de rechercher quelle peut être leur volonté sur
ce point de l'inaliénabilité des meubles quand
ils adoptent le régime dotal (2). — Suppose-t-on
les époux dans un ancien pays de coutume ? le
sens de leur contrat ne peut être douteux. En
excluant le régime préféré au lieu qu'ils habitent,
ils ont voulu soustraire leurs biens à la communauté ; ils ont même voulu plus, car le régime de séparation de biens aurait suffi pour

(1) Montesquieu, *Esprit des lois*, l. 23, chap. xi.
(2) Art. 1387, C. civ.

amener cet effet, et ils ne l'ont pas choisi. Ils
ont préféré le régime dotal, le régime de défiance ; la femme a voulu par là se garantir,
autant qu'il était en elle, contre les éventualités de l'administration maritale, et nous en ti-
rons cette conclusion que, de quelque nature
que soit sa dot, mobilière ou immobilière, son
dessein a été de la rendre inaliénable. — Suppose-t-on au contraire deux époux contractant
mariage dans les provinces du midi, sous l'influence de la faveur marquée qu'y a conservé le
régime dotal, leur intention est nécessairement
la même. Ce n'est pas en effet le régime du Code,
quel qu'il soit, qu'ils ont vraisemblablement
voulu admettre, car peu de gens connaissent
exactement les termes de la loi, mais bien le régime dotal qui régla les conventions de leurs
parents, de leurs ancêtres, celui qu'un usage
immémorial avait popularisé avant la promul-
gation du Code, et que les tribunaux ont con-
tinué à consacrer depuis, c'est-à-dire celui de
l'ancien droit tel que l'avait fait la jurisprudence des parlements, à savoir le régime dotal
caractérisé par l'inaliénabilité la plus absolue,
et des meubles, et des immeubles dotaux.

87. — Et maintenant, s'il est manifeste que la
volonté des époux a été dans tous les cas de

soustraire ainsi leurs meubles dotaux mêmes
au mouvement ordinaire des biens, faudrait-il
se préoccuper, par hasard, si ce principe est
contraire ou favorable à leurs intérêts ? Évidemment non, car en matière de conventions
matrimoniales, c'est le soin d'assurer la volonté
des parties, et non le souci de garantir leurs
intérêts, qui doit guider le législateur (1) ; et
d'ailleurs, ce sont eux qui sont les meilleurs
juges sans doute de ce qui leur convient, et,
s'ils préfèrent un régime qui les expose peut-
être à des pertes partielles, mais qui les sauve
à coup sûr d'une perte totale, on doit croire
qu'entre deux maux ils ont choisi le moindre,
et qu'une pareille combinaison est profitable à
leurs intérêts puisqu'ils s'y sont arrêtés de préférence. La liberté où ils se sont trouvés
d'exercer leur choix entre tous les régimes, est
donc une fin de non-recevoir que nous pour-
rions opposer à cette objection. — Nous l'abandonnons toutefois, et nous voulons la discuter
ex professo.

En quoi trouve-t-on que l'inaliénabilité
étendue aux meubles blesse les intérêts des
époux eux-mêmes ? En ce que sans doute les
valeurs mobilières étant susceptibles de dépréciations inattendues, on s'expose à les voir pé-

(1) Art. 1387.

11

rir, faute de pouvoir les convertir contre d'autres valeurs plus solides. Or, le régime dotal, comme nous le comprenons, semble s'opposer à ces spéculations utiles qui, faites à propos, non-seulement préservent, mais peuvent augmenter même le capital de la dot. — Il n'en est rien pourtant. L'inaliénabilité écarte le danger de ces spéculations, en les rendant plus difficiles, et par conséquent plus réfléchies; et, d'autre part, elle ne force pas les époux à garder stoïquement dans leurs biens des valeurs dont la perte leur paraît imminente. Si, en effet, nous voulons rendre les meubles immobiles comme les immeubles pendant le mariage, c'est toutefois dans les limites que le Code a tracées pour ces derniers; nous ne voulons pas traiter la dot mobilière plus rigoureusement que le fonds dotal, et dès lors nous admettons à son inaliénabilité toutes les exceptions que la loi accorde à celle des immeubles. Or, une de ces exceptions donne précisément le moyen de prévenir le danger qu'on nous signale. L'article 1559 permet d'échanger le fonds dotal, en soumettant cet échange à des conditions évidemment salutaires, telles que l'autorisation de justice, l'estimation d'experts, et l'obligation d'emploi pour l'excédant de prix, s'il y en a. Puisque nous appliquons cette ex-

ception par analogie à la dot mobilière, il en
résulte que les époux pourront toujours, avec
l'autorisation de la justice et sous sa surveil-
lance, négocier l'échange des valeurs mobilières qui paraîtront dangereuses à conserver,
contre d'autres valeurs d'un avenir plus certain.
Le régime dotal que nous proposons n'est donc
pas contraire à tout mouvement des meubles,
mais, fidèle à son principe fondamental, qui est
de conserver la dot, il sait régler ce mouvement
avec sûreté. Ennemi des entreprises hasardées
qui compromettent l'avenir, il sait à la fois avec
une sage mesure prohiber les spéculations
inutiles et dangereuses, et permettre avec certaines garanties celles dont l'utilité paraît sé-
rieuse.

Ainsi, la règle d'inaliénabilité des meubles
dotaux n'est pas plus contraire à l'intérêt des
époux qu'elle n'est hostile à l'intérêt général.

88. — Mais faudra-t-il maintenant renoncer
à un système dont nous justifions les avantages,
parce que les droits des tiers pourront, dans
certaines circonstances, recevoir quelques atteintes? Évidemment non. Quand il s'agit de
régler des conventions matrimoniales, c'est à
l'intérêt des époux et non pas à celui des tiers
qu'il faut tout rapporter. Quant à ces derniers,

ils ne manqueront, pas s'ils sont prudents, de demander qu'on leur représente le contrat de mariage; ils sont d'ailleurs parfaitement libres de ne pas contracter avec les époux, et, s'ils se sont engagés dans de mauvaises affaires, ils n'ont à en accuser que leur propre négligence. — Qu'on remarque d'ailleurs qu'il ne peut jamais être question que d'opérations relatives à des valeurs ou à des objets mobiliers, et que le plus souvent ils seront protégés par la prescription instantanée contre tout recours. Leur position n'est donc digne ni d'intérêt ni de commisération.

89. — Nous avons besoin, en terminant cette longue discussion, de grouper en faisceau les éléments de notre conviction. La dot mobilière nous paraît devoir être retirée comme le fonds dotal de la circulation, parce que c'est là une conséquence nécessaire du principe fondamental et conservateur du régime dotal, parce que l'importance actuelle de la fortune mobilière appelle ce progrès sur le droit romain, parce que c'est enfin l'intérêt et la volonté des parties qui adoptent ce régime, comme un lieu de refuge, que l'intégrité de leur dot y trouve une protection efficace contre les éventualités de l'avenir.

90.—Il est vrai que le régime dotal ainsi compris s'écarte de la loi romaine, d'où il tire son origine; nous ne songeons pas à le nier. Sans doute, à Rome, l'inaliénabilité de la dot mobilière n'était pas admise. Mais cela tenait à deux causes fort naturelles : la première, c'est que jamais, à aucune époque de son histoire, Rome ne connut ces fortunes mobilières qui sont devenues un si puissant élément de la richesse en France. La seconde, c'est qu'il y avait dans le régime dotal établi par les textes romains un tel cortège de mesures protectrices, que celle-là aurait été vraiment presque surabondante. Ces mesures étaient, d'un côté, le sénatus-consulte Velléien qui défendait à la femme de s'obliger pour autrui, la loi 30 au Code *de jure dotium*, qui lui donnait la faculté de revendiquer les objets aliénés par son mari, dans le cas d'insolvabilité, et la loi 12 au Code *qui potior in pignore*, qui lui accordait une hypothèque privilégiée primant même les créanciers antérieurs au mariage ; et, d'un autre côté, la Novelle 61, qui rendait les immeubles composant la donation anténuptiale inaliénable comme garantissant la dot, et la Novelle 97, chap. I, d'après laquelle cette donation devait être d'une valeur égale à celle de la dot. Ainsi, non-seulement la femme avait toute sorte de moyens exceptionnels

pour recouvrer la propriété de ses apports, mais
encore elle avait dans la donation anténuptiale
une ressource suprême contre la dissipation de
son bien par son mari. Maintenant, aucune de
ces garanties n'existe plus : il n'y a plus ni sénatus-consulte Velléien, ni hypothèque privilégiée, ni donation anténuptiale. Qu'on ne
nous accuse donc pas d'exagérer le droit romain, quand nous cherchons à ramener dans
la loi, par le moyen de l'inaliénabilité du meuble
dotal, une de ces mesures protectrices dont il
était si prodigue. — Ainsi son autorité ne peut
être invoquée par nos adversaires. Bien au
contraire, s'il y a quelque conséquence à tirer
de son examen consciencieux, c'est celle-ci,
qu'on se rapproche de son esprit en fortifiant
les règles propres à assurer la conservation de
la dot.

91. — C'est l'ensemble de ces motifs sérieux
et puissants qui a entraîné la jurisprudence des
tribunaux, depuis le fameux arrêt du 1er février
1819 rendu par la Cour de cassation, arrêt
d'une autorité imposante à un double titre, et
à cause de la force de son dispositif, et à cause
de la position personnelle de son rapporteur,
Chabot de l'Allier, ancien membre du conseil
d'Etat, et qui, par conséquent, mieux que per-

sonne, saisissait l'esprit de la loi à la rédaction
de laquelle il avait concouru.

Depuis cette époque, la cour souveraine ne
s'est jamais écartée de cette doctrine, et un
grand nombre d'arrêts sont venus consacrer
soit implicitement, soit explicitement, le principe de l'inaliénabilité du meuble dotal (1).

Il nous reste à exposer les conséquences
qu'en tirent nos tribunaux.

IV. — EXAMEN DE LA JURISPRUDENCE.

92.—Nous allons, dans cette étude, suivre à la
fois la situation que la jurisprudence fait à la
femme, et celle qu'elle fait au mari.

A l'égard de la femme, la direction adoptée
est maintenant bien déterminée et bien uniforme. Tous les actes venant de son fait, qui
sont de nature à amener directement ou indi-
rectement une aliénation, alors même qu'ils
seraient approuvés par le mari, sont rigoureusement annulés par la cour souveraine, et, à

(1) Notamment arrêts de cass. du 1er février 1819 (Sir.,
19, I, 146); du 26 mai 1830 (Sir., 36, 1,775); du 2 janvier
1837 (Sir., 37, I, 97.)

son exemple, par les tribunaux. C'est ainsi qu'on décide :

1° Que la femme ne peut être forcée de livrer les créances ou meubles dotaux qu'elle a vendus. Arrêts de cass. des 1er février 1819, 26 mai 1836 et 23 décembre 1839 (1) ;

2° Que la femme ne peut renoncer à l'hypothèque légale qui garantit sa créance dotale. Cass., 28 juin 1810 ; 19 décembre 1827 ; 7 février 1843 ; 12 août 1846 (Dalloz, 48. I, 299) ; 29 août 1848 (Dalloz, 48, I. 214) ; 26 août 1851 (Journ. Pal., t. 1, 1852, p. 12) et 1er décembre même année (2) ;

3° Que les créanciers de la femme ne peuvent saisir ses biens dotaux. Cass., 19 décembre 1810 ; 12 février 1828 et 16 décembre 1846 (Journ. Pal., t. 1, 1847, p. 168) (3) ;

4° Que la femme ne peut aliéner sa dot mobilière, alors même qu'elle a stipulé par contrat

(1) Arrêts conformes de Paris, 26 août 1820 et 13 février 1845 ; d'Angers, 10 août 1830.

(2) Conf., Paris, 10 août 1831 ; Grenoble, 8 mars 1834 ; Caen, 13 juillet 1848. La Cour de Lyon d'abord opposée, v. 16 juillet 1840 (Journ. du Pal., t. 2, 1840, p. 631), s'est ralliée à la même doctrine, 11 décembre 1851 (Journ. du Pal., t. 2, 1852, p. 525.)

(3) Conf. Pau, 11 avril 1838 ; Lyon, 2 août 1845 ; Orléans, 16 mars 1850.

de mariage qu'elle pourra disposer de son fonds dotal. Cass., 1er juillet 1829 ; 2 janvier 1837 (Sir., 37. I. 97) (1);

5° Que cette inaliénabilité survit même à la séparation de biens. Cass., 23 décembre 1839 et 14 novembre 1846 (Journ. du Pal., t. 1er, 1847, p. 60) (2).

Nous admettons parfaitement tous ces effets comme des conséquences directes et logiques du principe de l'article 1554.

93. — Mais où nous nous séparons violemment de la jurisprudence, c'est en ce qui concerne le droit du mari.

A cet égard, les premiers arrêts avaient voulu, tout en proclamant l'inaliénabilité de la dot mobilière, laisser au mari, administrateur légal, une certaine liberté d'action qui lui permit, dans une mesure sage et modérée, les actes d'aliénation profitables à la société conjugale. Mais peu à peu cette faculté s'est élargie ; elle s'est trans-

---

(1) Conf. Riom, 22 déc. 1846, et Lyon, 11 décembre 1851, arrêt précité.

(2) Conf. Riom, 8 août 1843; Agen, 9 février 1849. Quelques arrêts veulent même que la femme ne puisse recevoir son capital dotal qu'à la charge d'en faire emploi ou de fournir des sûretés; c'était, on se le rappelle, la jurisprudence du Parlement de Bordeaux; Montpellier, 22 juin 1810; Bordeaux, 9 janvier 1839; Limoges, 14 juill. 1847.

formée à la fin en un **droit** illimité de disposition : « Attendu, dit la Cour de cassation dans
« l'arrêt du 12 août 1846, que le mari qui reçoit
« le remboursement d'un capital constitué en
« dot... ou qui fait cession à un tiers d'une
« créance dotale, ne fait qu'user du droit de libre
« disposition à lui appartenant. » La dot mobilière absolument inaliénable par la femme, devient ainsi au contraire entièrement disponible
entre les mains du mari. Qu'en résulte-t-il ?
c'est que le mari pouvant dissiper toute la dot,
le principe d'inaliénabilité se trouve réduit à
l'impossibilité pour la femme de renoncer à son
hypothèque légale. Les arrêts ne tardent pas à
faire sentir cette conséquence : « Attendu, dit
« un arrêt de la Cour de cassation du 1er dé-
« cembre 1851 (je cite le plus récent), que les
« conséquences de la dotalité, en ce qui con-
« cerne les valeurs mobilières, se restrei-
« gnent nécessairement à l'impossibilité pour
« la femme d'aliéner, même avec le consente-
« ment de son mari, les garanties hypothécai-
« res que la loi lui accorde pour la conservation
« de sa dot. » Ainsi voilà où aboutit maintenant, par la faute des derniers arrêts, ce système si pompeusement proclamé partout de
l'inaliénabilité de la dot mobilière. Est-il besoin
d'en faire sentir les inconséquences ? La femme
ne peut faire, du consentement de son mari, ce

que ce dernier peut faire tout seul, et, pour que le mari puisse agir valablement, il faut qu'il se garde de demander le concours de sa femme. A quoi bon reconnaître d'abord le meuble dotal inaliénable, puisqu'on arrive en définitive à la même conclusion que les adversaires les plus prononcés de la conservation de la dot? M. Troplong ne déclare-t-il pas, en effet, que la femme ne peut jamais renoncer à son hypothèque légale, parce que cette hypothèque est un droit immobilier qui rentre comme tel sous la prohibition de l'article 1554 (1). Non, suivre la Cour de cassation dans ses derniers arrêts, ce serait à la fois violer la loi qui ne reconnaît aucun droit d'aliénation au mari (2), détruire toute l'efficacité du principe de l'inaliénabilité, s'écarter enfin de sa première jurisprudence si solidement établie.

La chose la plus importante est précisément de lier les mains au mari, car sa liberté amène nécessairement son insolvabilité, c'est-à-dire la destruction de la dot; et, avant de songer à entourer de garantie l'action de la femme, le premier souci du législateur, sans doute, doit être de conserver l'objet sur lequel elle porte, car la perte de cet objet entraîne nécessairement la perte de l'action elle-même.

(1) M. Troplong, contr. de mar., t. 1, n. 3265.
(2) Voir n. 19 et suiv.

94. — Nous nous refusons donc formellement à admettre la direction nouvelle prise par la jurisprudence à l'égard du mari. Il ne doit pas disposer à son gré des valeurs dotales. Nous ne voulons pas davantage de ce système mixte proposé par quelques auteurs (1), et admis par les premiers arrêts, qui consiste à donner au mari le droit d'aliéner dans les limites d'une bonne administration ; une telle faculté est dangereuse, parce qu'elle n'a rien de déterminé, et qu'en donnant aux tribunaux une trop grande latitude d'interprétation, elle ouvre la porte aux envahissements. — Mais alors, que proposons-nous à la place des théories que nous repoussons ? — Nous proposons celle qui résulte de la loi même, et qui consiste à enlever au mari le droit de libre disposition que lui donnait la loi romaine, et à maintenir à l'égard de la femme et des deux époux agissant de concert, la prohibition admise par nos parlements. Quoi de plus naturel, en effet, puisque nous soutenons que l'article 1554 n'est pas spécial aux immeubles, que d'appliquer ses dispositions aux meubles mêmes, et de déclarer, suivant ses termes, qu'ils ne peuvent être aliénés, « ni par le mari, ni par la femme, ni par les

_____

(1) M. Pont, Journ. du Pal., t. 2, 1852, p. 524.

« deux conjointement, sauf les exceptions qui
« suivent. »

De cette manière, l'hypothèque de la femme
ne sera plus entre ses mains une arme inutile,
et son action ne périra pas faute d'objet.

95. — Nous avons fini d'exposer ce qui concerne le caractère de la dot mobilière, et les règles suivant lesquelles elle doit se comporter
durant le mariage ; nous touchons maintenant
au moment où elle sort des mains du mari ou
de ses représentants, pour retourner à la femme
ou à ses héritiers. Ce sont les principes relatifs
à cette restitution de la dot mobilière qu'il nous
reste à exposer; ils vont faire l'objet du chapitre
suivant.

CHAPITRE III.

De la restitution de la dot mobilière.

96. — On se souvient que l'obligation de restituer n'a pas la même origine que la dot elle-
même. Longtemps, en droit romain, le mari,
pour lequel la constitution de dot était un véritable titre d'acquisition, la conserva comme son
bien propre, quel que fût l'évènement du ma-

riage. Ce fut par la dot profectice que s'ouvrit l'obligation de restituer. Pomponius nous rapporte (1) que l'usage s'introduisit de rendre au père qui avait perdu sa fille mariée, la dot qu'il lui avait constituée, *solatiæ loco et ne filii amissæ et pecuniæ damnum sentiret*. L'ascendant avait à cet effet l'action *rei uxoriæ*. Les fragments d'Ulpien (2) nous révèlent toutefois que la restitution ne se faisait pas d'une manière absolue, et que le mari retenait un cinquième de la dot pour chaque enfant que lui avait donné sa femme.

La dot profectice faisait retour au père même lorsque sa fille n'était plus sous sa puissance à l'heure de sa mort (3).

Quant à la dot adventice, elle restait au mari, après le prédécès de la femme, à moins que sa restitution n'eût fait l'objet d'une stipulation, auquel cas la dot prenait le nom de réceptice (4).

Mais si le mariage finissait par la mort du mari, la femme avait l'action *rei uxoriæ* pour réclamer son bien, parce qu'elle pouvait avoir besoin de sa dot pour la porter à un nouvel

(1) L. 6, D., *de jure dotium*.
(2) Ulpien, t. vi, § 4.
(3) M. Pellat, *textes sur la dot*, p. 66 et suiv.
(4) Ulpien, titre vi, § 5.

époux (1). Ulpien nous apprend qu'il en était de même en cas de divorce (2), et c'était pour le même motif.

Tel fut le droit antérieur à Justinien.

Nous avons déjà rappelé les innovations que cet empereur justement appelé *uxorius* y introduisit dans l'intérêt des femmes. — Non-seulement il assura leur droit à restitution dans les cas de divorce et de prédécès du mari, par la concession d'une hypothèque légale et d'un privilège, mais il généralisa encore l'obligation de restituer, en l'étendant même au cas de prédécès de la femme.

97. — Sauf quelques exceptions, les pays du midi admirent le droit de Justinien; et c'est aussi ce droit que consacre notre Code civil.

La restitution de la dot se fait à la femme ou à ses héritiers. Elle peut se faire encore au tiers constituant, s'il a été stipulé que la dot lui reviendrait en cas de mort de la femme (3), ou à l'ascendant donateur, qui, en vertu de l'art. 747, peut réclamer les biens par lui donnés, s'ils se

---

(1) M. Pellat, *textes sur la dot*, p. 12. — Vaticana frag., § 97.

(2) Ulpien, titre vi, § 6.

(3) Art. 951 et 952, Code civil.

trouvent encore en nature dans la succession,
ou le prix encore dû qui les représente, ou l'action en reprise qui peut appartenir encore au
donataire à leur égard.

C'est par le mari ou ses héritiers que s'opère
cette restitution.

Voilà les règles générales auxquelles la dot,
quelle que soit sa nature, est soumise à la dissolution du mariage. Il y en a en outre quelques-
unes spéciales aux meubles dotaux. Elles sont
relatives soit au temps où leur restitution doit
avoir lieu, soit à la manière dont elle doit être
faite.

Ces règles varient suivant que les meubles
sont devenus la propriété du mari, ou sont res-
tés celle de la femme.

S'il s'agit de meubles non estimés, la restitution doit avoir lieu en nature, le mari
étant débiteur des choses elles-mêmes; s'il
s'agit, au contraire, de meubles estimés sans
réserve du droit de propriété à la femme,
la restitution porte sur le prix d'estimation,
le mari étant considéré, dans ce cas, comme
un acheteur. Si, enfin, la dot a été constituée en tout ou en partie en sommes d'argent ou autres choses fongibles, ce que le mari
doit, ce n'est plus l'estimation des choses qui
lui ont été apportées, mais pareilles quantité,

qualité et valeur de choses équivalentes (1). Il
n'est pas, en effet, débiteur d'un prix, comme
dans le cas de choses estimées : s'il est devenu
propriétaire, ce n'est pas en vertu d'une vente
convenue et fixée par le contrat de mariage,
mais seulement en vertu de son droit d'usufruitier, qu'il n'a pu exercer que par des actes de
consommation. C'est dès lors en nature qu'il
doit faire le paiement.

98.—Cependant, on décide, en général, que
le mari pourra, dans ce cas, jouir du bénéfice
que l'art. 587 accorde à tout usufruitier qui se
trouve dans une situation semblable. Il aura le
choix de restituer des choses équivalentes, ou
de donner l'estimation de celles qu'il a reçues ;
mais non pas encore de la même manière que
si les objets à lui apportés avaient été estimés ;
car, dans ce cas, il devrait le prix d'estimation
fixé par le contrat de mariage, tandis que, dans
le cas de choses fongibles, il ne doit évidemment que la valeur que peuvent avoir des choses
semblables au moment de la restitution. Le
paiement en valeur ne fait, en effet, que rem-

---

(1) Tessier, t. 2, note 970. — M. Troplong, n. 3157. —
Contra, Roussilhe, t. 2, n. 57. — M. Duranton, t. 15,
n. 410, 411.

placer le paiement en nature, et ne doit, par conséquent, être ni plus fort ni plus faible (1).

Quant à l'époque de la restitution, on conçoit que le principe est qu'elle doit être faite aussitôt après la dissolution du mariage; la dot n'étant donnée, en effet, que pour aider le mari à en soutenir les charges, doit sortir de ses mains, dès que cessent ces charges elles-mêmes, *cessante causâ, cessat effectus.* —Cependant, si, durant le mariage, le mari a eu la libre disposition des objets constitués en dot, on conçoit que, ces objets ne se trouvant plus vraisemblablement entre ses mains au moment de la dissolution, il soit nécessaire de lui accorder un certain délai pour se procurer soit l'argent représentatif de leur valeur, s'il s'agit d'objets dont il doit rendre l'estimation, soit des objets de pareilles quantité, bonté et qualité, s'il s'agit de choses fongibles. Ce sont là les motifs qui ont inspiré les dispositions de la loi.

S'il s'agit de meubles dont la propriété est restée à la femme, « le mari ou ses héritiers « peuvent être contraints de les restituer sans

(1) Nous n'adoptons pas sur l'article 587 l'opinion de Proudhon, *usufruit,* t. 2, n. 1006, et Toullier, t. 3, n. 398, qui pensent que l'usufruitier doit l'estimation du moment où commence l'usufruit.

« délai, après la dissolution du mariage (1). »

Si, au contraire, le mari a été, durant le mariage, propriétaire des meubles dotaux, soit en vertu de l'estimation faite par le contrat, soit par suite de son droit d'usufruit, — « La « restitution n'en peut être exigée qu'un an « après la dissolution (2). »

Avant Justinien, le mari se libérait, dans ce cas, en trois paiements égaux, d'année en année, *annua, bima, trima die* (3). Ce prince abolit cet usage et établit la règle que le Code civil lui a empruntée (4).

99. — Si les règles relatives à la restitution de la dot mobilière sont d'une grande simplicité, il en est de même de celles qui déterminent lequel des deux époux supportera les risques de la chose, durant le mariage. Elles se résument dans ce brocard connu, *res perit domino*. Si le mari est propriétaire de la dot mobilière, la chose périt pour lui ; car n'étant redevable que d'une valeur fixée dès le moment de la constitution, son obligation ne peut chan-

(1) Art. 1564.
(2) Art. 1565.
(3) Ulpien, Frag., titre VI, § 8.
(4) Lex unica, C., *de rei uxoriæ actione*, § 7.

ger, quelles que soient les modifications subies
par la chose qu'elle représente. Si la femme est
restée propriétaire, le mari n'étant débiteur
que d'un corps certain, n'est pas responsable
des accidents fortuits qui l'altèrent ou l'anéan-
tissent, et son obligation de restituer sera toujours exécutée, quand il aura remis à la femme
ou à ses représentants ce qui lui reste de l'objet
dotal (1). On pourrait presque dire, en n'envi-
sageant la constitution de dot que sous ce seul
point de vue, qu'elle produit dans un cas les
effets du *mutuum*, et dans l'autre ceux du *com-
modat*.

Il en est de même des créances, constitutions
de rentes et autres droits mobiliers incorporels livrés au mari sans estimation. La femme
en supportant les risques, il se libère à son
égard par la simple remise des titres entre ses
mains, sans tenir compte des dépréciations ou
pertes qui ne sont imputables qu'au hasard (2);
et c'est là, comme nous l'avons fait remarquer,
la meilleure preuve que la femme garde seule la
propriété des créances et meubles incorporels
constitués en dot.

100. — Il nous reste à parler, pour achever

(1) Art. 1566.
(2) Art. 1567.

l'exposé de l'ensemble de ces règles, de la responsabilité du mari vis-à-vis des objets dotaux qu'il doit après le mariage restituer en nature. Elle consiste dans l'obligation de les conserver et de les administrer en bon père de famille, et dans celle d'indemniser la femme des fautes imputables à sa négligence qui ont pu leur causer dommage. Débiteur de la chose dotale, c'est même lui qui devra prouver que ce n'est pas par sa faute que la chose non estimée a péri ou s'est dégradée (1). Cette preuve, du reste, lui est fort aisée à faire, et le temps seul qu'a duré le mariage suffit pour expliquer l'état de détérioration des meubles dotaux ; la question ne se posant naturellement qu'à l'égard de choses sujettes à dépérir par l'usage même qu'elles sont destinées à subir.

S'il s'agit de créances ou autres droits incorporels, la faute du mari est quelquefois fort délicate à apprécier. Ainsi, si elle est manifeste, dans le cas où il a négligé de poursuivre des débiteurs, d'interrompre des prescriptions, ou encore lorsqu'il a laissé perdre des créances mobilières de sa femme, en donnant des décharges imprudentes aux débiteurs (2), il est difficile d'en dire

(1) M Troplong, *Contrat de mariage*, t. 4, n. 3644.

(2) Si tant est qu'on lui reconnaisse le droit de faire remise

autant d'une manière absolue, quand la créance dotale a été perdue, parce que le débiteur était un ascendant de la femme, et que le mari n'a pas osé, par un sentiment louable de respect et de commisération, recourir contre lui aux rigueurs légales. La Cour d'Aix a cependant prononcé deux fois, que le mari, dans des circonstances pareilles, était responsable du dépérissement de la dot (1). Nous croyons que le fait doit exercer ici une grande influence sur la solution de la question ; si toutefois il fallait formuler *à priori* une opinion, nous préférerions, suivant la pensée d'Ulpien (2), mettre dans ce cas la chose aux risques de la femme, et excuser dans le mari le sentiment pieux qui lui a fait oublier son propre intérêt.

Admettant pour un moment l'opinion qui donne au mari, comme administrateur et quasi-propriétaire, le droit de disposer des valeurs dotales, nous dirons de même que le manque de prévoyance ne peut lui être imputé. Ainsi, il a négligé de vendre, à un taux élevé, des actions

des créances dotales, avec la Cour souveraine.—Arrêt du 9 mars 1830 (Dalloz, 30, 1, 392).

(1) 4 août 1829 (Dalloz, 29, 11, 183), et 24 août même année (Dalloz, 33, 11, 116).

(2) M. Pella, *Textes sur la dot*, sur la loi, 33, D., *de jure dotium*, p. 139 et suiv.

dont la baisse est survenue, et qui ont éprouvé depuis une dépréciation considérable. Evidemment le mari est la cause de cette perte. Mais, néanmoins, il me paraît difficile de l'imputer à sa négligence; le plus diligent est souvent trompé dans ses calculs, et choisir le moment propice pour se défaire des valeurs destinées à péricliter, est plutôt affaire de bonheur que de bonne administration. La responsabilité du mari me semble donc à couvert, dans ce cas, contre les réclamations de la femme (1).

101. — Voilà l'exposé complet des règles auxquelles est soumise la restitution de la dot mobilière; l'article 1566 y apporte une exception dont l'explication terminera ce chapitre. Cet article porte que la femme pourra néanmoins retirer les linges et hardes à son usage personnel, *dans tous les cas.* C'est, en effet, une dérogation aux principes que nous venons d'établir, dans quelque hypothèse que l'on se place.

Si l'on suppose que les meubles dotaux n'ont pas été estimés, la femme est restée propriétaire, il est vrai, du trousseau qu'elle a apporté, et elle peut, à ce titre, le reprendre. Mais ce droit

(1) M. Troplong est de cet avis, n. 3649.

ne serait pour elle qu'un faible avantage, car il
n'aboutirait, le plus souvent, qu'à lui remettre
entre les mains des objets usés et sans valeur.
La loi veut que ce soit les linges et hardes *à
son usage*, c'est-à-dire ceux dont elle se sert au
moment de la restitution, qui lui soient rendus,
et le motif en est trop naturel pour exiger une
explication.

Si l'on se place, au contraire, dans l'hypothèse contraire, et qu'on suppose la dot constituée avec estimation, l'article 1566 offre encore
une dérogation aux principes. Le mari étant,
en effet, débiteur du prix d'estimation seulement, pourrait, à ne consulter que le droit commun, déclarer qu'il retient non-seulement le
trousseau apporté par sa femme, mais même
les linges et hardes achetés par elle pendant le
mariage.

La loi a pris soin d'empêcher un pareil résultat, et, pour ôter tout prétexte à la mauvaise volonté du mari, et surtout de ses héritiers, elle accorde à la femme le droit de
retirer le trousseau dont elle se sert au moment
de la restitution, sauf à précompter sa valeur
sur le prix qui lui est dû.

Mais c'est sa valeur actuelle et non pas celle
exprimée dans l'acte estimatif, qu'il faut déduire. La Cour de cassation l'a jugé dans un

arrêt du 1er juillet 1835 (1), et l'on s'étonne
même qu'une question aussi simple ait pu faire
l'objet d'un doute.

L'article 1566 introduisant une dérogation
au droit commun, l'option qu'il établit ne peut
être accordée à la femme que s'il s'agit des linges et hardes à son usage. Ainsi, les bijoux
mêmes, qui, le plus souvent, sont compris dans
le trousseau, ne pourraient être réclamés par
elle en nature contre la volonté de son mari (2).

(1) Dalloz, 35, I, 384.
(2) Odier, *Contrat de mariage*, t. 3, n. 1383.— Toullier,
t. 14, n. 268. — M. Troplong, *Contrat de mariage*, t. 4,
n. 3646.

POSITIONS.

I. — DROIT CIVIL FRANÇAIS.

1. — La propriété littéraire tombe dans la communauté.

2. — Le défaut de transcription d'une donation ne peut être opposé par les héritiers du donateur.

3. — Il y a des obligations *in solidum* qui ne produisent pas tous les effets des obligations solidaires.

4. — L'immeuble dotal stipulé aliénable par le contrat de mariage, n'est pas pour cela susceptible d'être hypothéqué.

5. — Le subrogé-tuteur ne peut se porter adjudicataire des biens du mineur.

6. — La possession d'état prouve la filiation naturelle, comme la filiation légitime.

7. — La femme, sous le régime dotal, est tenue, même sur son fonds inaliénable, par suite de ses délits et quasi-délits.

8. — Les légataires conjoints *re tantum* jouissent,

dans tous les cas, du droit d'accroissement.
L'article 1045 entend parler des légataires
conjoints, *verbis tantum*.

II. — DROIT ROMAIN.

1.—Les enfants exercent-ils le même privilège
que leur mère quant aux restitutions dotales?

2.—La chose achetée des deniers dotaux n'est
pas dotale. Il n'y a pas antinomie entre la
loi 12, C. *de jure dotium* et la loi 54, D., *de jure
dotium*.

3.—Les mots *partis secanto* de la loi des douze
tables doivent s'entendre du droit accordé aux
créanciers de se partager le corps de leur débiteur, et non de la simple faculté de diviser
ses biens.

4.—Lorsqu'un débiteur livre en gage à son créancier la chose d'autrui, si le droit réel de
gage n'est pas véritablement constitué, il n'y
a pas moins un contrat formé, susceptible de
produire quelque effet. L. 12, D., *de distrac-
tione pignorum et hypothecarum*, § 1.

5.—Il n'y a pas antinomie entre la loi 41. D., *de
pignerat, actione*, et la loi 22, D., *de pign. et
hyp*.

III. — DROIT PÉNAL.

1.—Le fait d'un Français qui a porté les armes contre la France ne constitue pas un crime purement politique. Il reste dès lors passible de la peine de mort, qui n'a été abolie qu'en matière politique.

2.—Il ne peut y avoir abus de confiance dans le cas de prêt.

3.—Le meurtre qui suit la provocation est excusable, lors même que la personne qui l'a commis n'était pas la personne provoquée.

IV. — DROIT PUBLIC.

1.—Le refus de la sépulture ecclésiastique ne peut donner lieu contre le ministre du culte, à l'appel comme d'abus.

2.—Les tribunaux civils peuvent apprécier, en la forme, la validité des arrêts de conflit.

TABLE DES MATIÈRES.

CHAPITRE II.

CARACTÈRE DE LA DOT MOBILIÈRE.

13

CHAPITRE III.

RESTITUTION DE LA DOT MOBILIÈRE.

— 196 —

99. — Des risques.
100. — Responsabilité du mari.
101. — Règle spéciale à la restitution des linges et hardes de la femme.

Positions.

———————————

Vu par le Président de la thèse,
OUDOT.

Vu par le Doyen,
PELLAT.

Permis d'imprimer, le 12 février 1853 ;

Le Recteur de l'Académie,
CAYX.

———————————

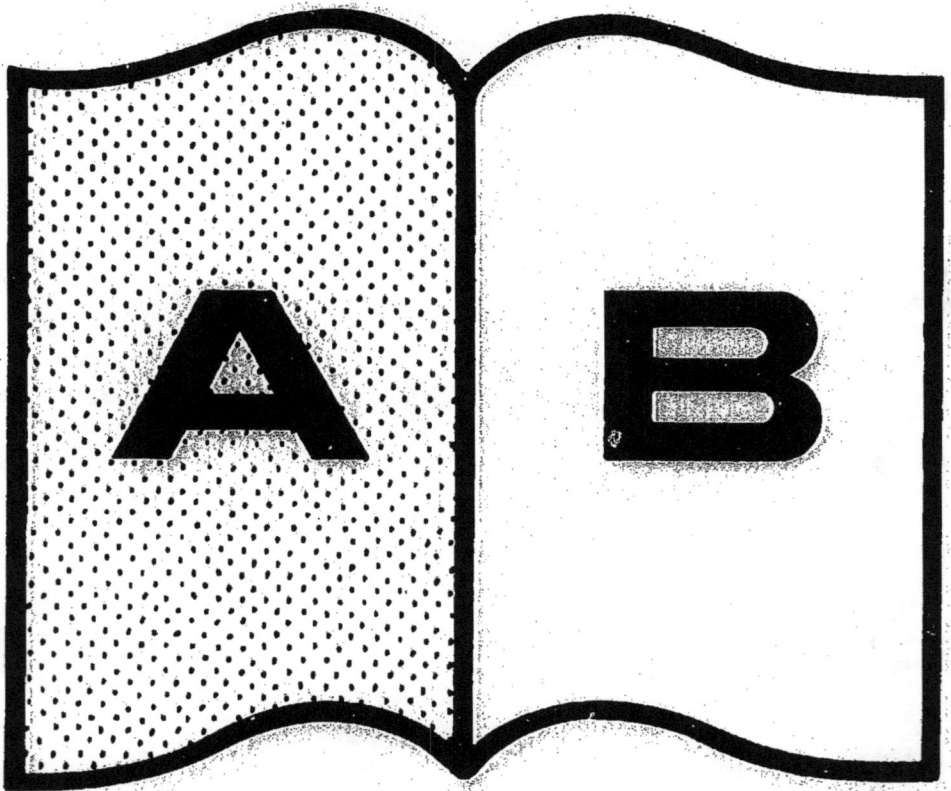

Contraste insuffisant

NF Z 43-120-14

www.ingramcontent.com/pod-product-compliance
Lightning Source LLC
Chambersburg PA
CBHW060530210326
41519CB00014B/3191